知っているようで知らない

言葉事典

知っていれば自慢できる

これがホイホイ解れば“雑学クイズ王”!

全日本ことば探索研究会
こんどうよしひこ
志賀内泰弘

巻頭言

ウェルテル効果　番番出世　阪神性不安　陰徳善事　クラウン　破城　プラントオパール　シンクロニシティ　電凸　保育園留学　ルリユール　クマはぎ　セリサイト　ルビ財団　熱波師　浴室内突然死　黄金比　ハマグリ締め　2号警備　ペッパーX　役割語　歩道橋シネマ　開閉の途中で止められる電動傘　シエルビンスキー四面体　古刀の名工「五箇伝」　装飾古墳　忘年の交わり忘年の友　タコの脳は九コ　猿飛び　両側回遊魚　ヤゴの捕獲面　過変態　婚姻贈呈　アレキサンダーの暗帯　留守模様　ダンゴムシ交替性転向反応　零売薬局　互師互弟　役人の無謬性　耳認証　善因善果　ペタライト　虫明亜呂無　不凍タンパク質　ウオータースペース　異形斜めギザ　流動床　小売りの輪　光格子時計　席画　豆腐小僧　キラー問題　リベンジ夜更かし　蟷螂の斧　ティラノもどき　施餓鬼　香害　型式証明／耐空証明　モロヘイヤ　指定植物　導灯　獅子芝居　五色百人一首　プラナリア・・・

—何やら訳の分からない言葉の羅列、知っているようで知らない日本語のオンパレード。「どうでもいいけど、ちょっと気になる」と思われた読者は本書の難問に挑戦する方です。

私の学生時代の友人であるこんどう君は、「昆虫採集」ならぬ「言葉採集」家です。冒頭に並べた言葉・日本語は、卒業後半世紀にわたって彼が集めに集めた言葉のほんの一部です。書籍・雑誌、新聞、図鑑、パンフレット、チラシといった活字媒体は無論、テレビやラジオで見聞した気になる日本語は素早くメモしておいて後ほど調べる、といった具合で、一歩間違えば奇人変人扱いされてもおかしくありません。その成果はすべて「手書き」され、おまけにイラストまで描かれています。その資料は膨大です（ゴミ扱いされるかも）。

趣味はと聞くと、自然散策、博物館・資料館見学。さらには昆虫（タマムシ）、どんぐり、雑草、野鳥、植物、看板、マンホールを被写体とするカメラマン。漢字パズル、折り紙から折り込チラシ・ラベルシールの蒐集と、枚挙にいとまがない状態です。

かといって、彼は資産家ではなく、無職でもありません。学者でもありません。しっかりと定年まで勤めあげて今春退職しました。そして現在は、こんな彼にぴったりの職場に通っています。

こんどう君が採集した「言葉」のメモから、私が〈解説文〉と〈余談〉を執筆した次第ですが、作家として、友人として、久しぶりに文字通り一生懸命に汗をかきました。

本企画は「ことば探索研究会」が１００語を選択して読者の皆さんに公開したものです。

「たまにはスマホ人間をストップして頭の体操をしてみませんか」

志賀内 泰弘

目次

か行

さ行

ま行

や行

ら行

わ行

知っているようで知らない 言葉事典100

知っていれば自慢できる

あ

難易度…Ⓑ

青い悪魔（あおいあくま）

水草「ホテイアオイ」の異名

ホテイアオイは南米原産の水草で、日本では金魚鉢などに浮かべて楽しむ癒しの鑑賞植物として知られています。ところが、アフリカのビクトリア湖では繁殖の影響で漁業が衰退してしまいました。

日本でも２０２０年、高松市の春日川で大量繁殖、幅約35メートルの川の水面を約２キロにわたって埋め尽くし問題になり、香川県は一千万円を投じて除去作業に乗り出しました。

生態系に甚大な被害を与えることから「青い悪魔」の異名があり爆発的に繁殖します。

余談

日本からアメリカに持ち込まれたクズは、瞬く間にアメリカ全土で爆発的に繁殖し、「グリーンモンスター」と呼ばれています。爬虫類や昆虫、魚だけでなく、植物もむやみに外国へ移植すると大問題を引き起こす可能性があります。

← 次は 赤羽刀

あ 赤羽刀（あかばねとう）

難易度…Ⓑ

太平洋戦争終戦後、ＧＨＱによって没収された日本刀のうち、元の所有者が分からず、占領解除後政府所有とされた刀剣類のこと。
　保管された米軍倉庫が東京都北区赤羽の地にあったことに由来する。

回収された刀剣類は１００万を越え、それらは破壊や海洋投棄されたり、進駐軍によって海外に持ち出されるなどしました。その際、行方不明になった国宝もあります。ＧＨＱによって集められていた赤羽刀のうち、美術的価値の高い刀剣は１９４７年（昭和22年）に約５６００振が日本へと返還されました。そのうちの１１３２振は持ち主のもとに戻りましたが、所有者の分からない刀剣４５００振あまりを東京国立博物館が保管してきました。

　１９９５年（平成７年）戦後50周年を記念して「接収刀剣類の処理に関する法律」が新たに成立したことで、申請した元所有者や遺族に７振の刀剣が返還されました。膨大に残

日本中の刀匠が
丹精込めて
造った名刀が
GHQに接収
されていったんだ

され持ち主の見つからない刀剣を、広く公開・活用するため1999年（平成11年）に全国191の公立博物館に無償譲与することが決まりました。譲渡先は、刀匠の出身地やゆかりの土地であること、転売せず一般公開することが条件です。現在、各地の博物館で大切に保管され、順次公開されています。

余談

刀剣は武器かもしれませんが、神社や個人が所有していたものの大部分はご神体や歴史上貴重な奉納物、美術品でした。無知が故のGHQの命令にやるせない気持ちになるのでした。

← 次は 朝風呂丹前長火鉢

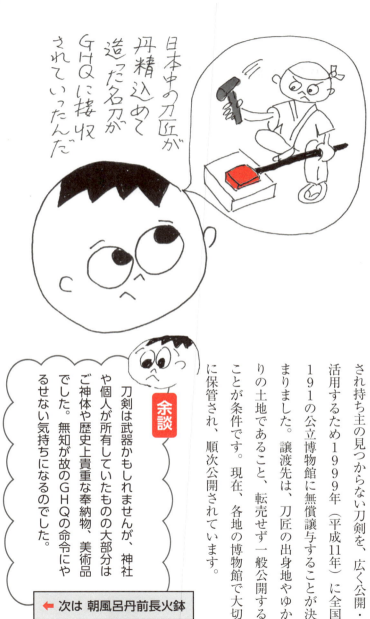

あ

難易度…Ⓐ

朝風呂丹前長火鉢（あさぶろたんぜんながひばち）

気楽な遊び人のこと。

年がら年中、朝湯に入り、丹前を着て、長火鉢の前に座ってのんびりとしていられるという「遊び人」のような気楽な生活を指していいます。「丹前」も「火鉢」も、現代では見ることも少なくなって来ました。当然のことながら死語といっていいでしょう。年配の人が、親のすねをかじって遊んでばかりいる若者に、「朝風呂丹前長火鉢だな」と、チクリと嫌味を言ったとしても通じなくなりました。でも、ひっそりと「漢字パズル」で使われています。

その他にも、似たように人を表す言葉で死語になったものがあります。骨皮筋衛門、小言幸兵衛、石部金吉金兜、出歯亀、野暮天、

朴念仁、吝太郎、がってん承知の助・・・。今も使っている人がいたとしたら、教養人といってもいいかもしれません。

余談

新しい日本語も生まれています。例えば、激怒ぷんぷん丸。元はギャル語で、2013年のユーキャン新語・流行語大賞にもノミネートされました。

← 次は 穴太衆

あ

難易度…Ⓒ

穴太衆（あのうしゅう）

近江国（滋賀県）の琵琶湖畔、「穴太」の地に住んでいた石積みの技能者集団のこと。

穴太衆は、比叡山延暦寺の土木営繕を行っていましたが、その石積みが堅牢なことから織田信長が安土城を作る際に召し抱えられました。そのルーツは、朝鮮半島にあった百済に「穴太」と名乗る部族がおり、古墳時代に渡来したと言われています。

地震に強く、豪雨の際には排水をよくするという独特な工法は、「野面《のづら》積み」と呼ばれています。穴太衆が手掛けたことから、「穴太積み」とも呼ばれ、自然石をそのまま用いるため、比重のかけ方や大小の石の組み合わせに秘伝の技が潜んでいます。

余談

実は、現在もその匠を継ぐ唯一の会社があります。十五代目社長の粟田純徳さんが率いる株式会社粟田建設です。その工法は口伝で、「石の声を聴け。自分たちの采配で積むのではなく、石の行きたいところに行かせてやれ」と言われているといいます。

古来、物には魂が宿ると言われて来ました。「石の声が聞こえる」というのも頷けます。

←次は 蟻は左の2番目の足から歩き出すんです

あ
難易度…Ⓒ

蟻は左の2番目の足から歩き出すんです

ほのぼのする素朴な猫の絵で知られる画家・熊谷守一《くまがいもりかず》の言葉。

世間との関わりを避け、97歳でなくなるまでの晩年の20年間、自宅から外へ出ない生活を送っていたことで知られます。その間、庭で鳥や昆虫、植物を観察して過ごしました。地面に這いつくばって、何年も観察するうちに、蟻は左の2番目の足から歩き出すことを突き止めたそうです。

人間ドラマ「モリのいる場所」として2018年に映画化され、山﨑努と樹木希林が熊谷夫婦を演じました。映画では蟻の歩く様子を、山﨑努がじっと観察するシーンが登場します。

そのワンシーンでは、「じっと見てごらんと」と蟻の歩行がスロー再生されるのですが、2

番目の足から歩きだすのを確認できませんでした。
よっぽど守一は眼がいいのだとわかりました。

余談

画壇の仙人と呼ばれ、文化勲章を辞退したことでも有名です。
他には作家の大江健三郎、女優の杉村春子も辞退していますが、ごくごく稀なことゆえに話題になります。

←次は
アスペルギルス・オリゼ

あ

難易度…Ⓒ

アスペルギルス・オリゼ

世界中でなぜか日本にしか存在しないニホンコウジカビ(Aspergillus oryzae) というカビの一種のこと。

ユネスコの無形文化遺産に登録された「和食」の味の決め手は、「うまみ」です。その「うまみ」が詰まった「みそ」「しょうゆ」「みりん」などの調味料は、すべてアスペルギルス・オリゼによってつくられます。

今から千年ほど前、日本人は、自然界に漂う何億種類のカビの中から、アスペルギルス・オリゼを抽出する方法を世界で初めて編み出しました。そして、鎌倉時代には、蒸し米の上でカビを育て、どこにでも運べる「カビの種」を作る種麹屋《たねこうじや》が現れました。種麹屋はいわば、「世界最古のバイオビジネス」。この登場で、アスペルギルス・オリゼは全国に広まり今に至ります。

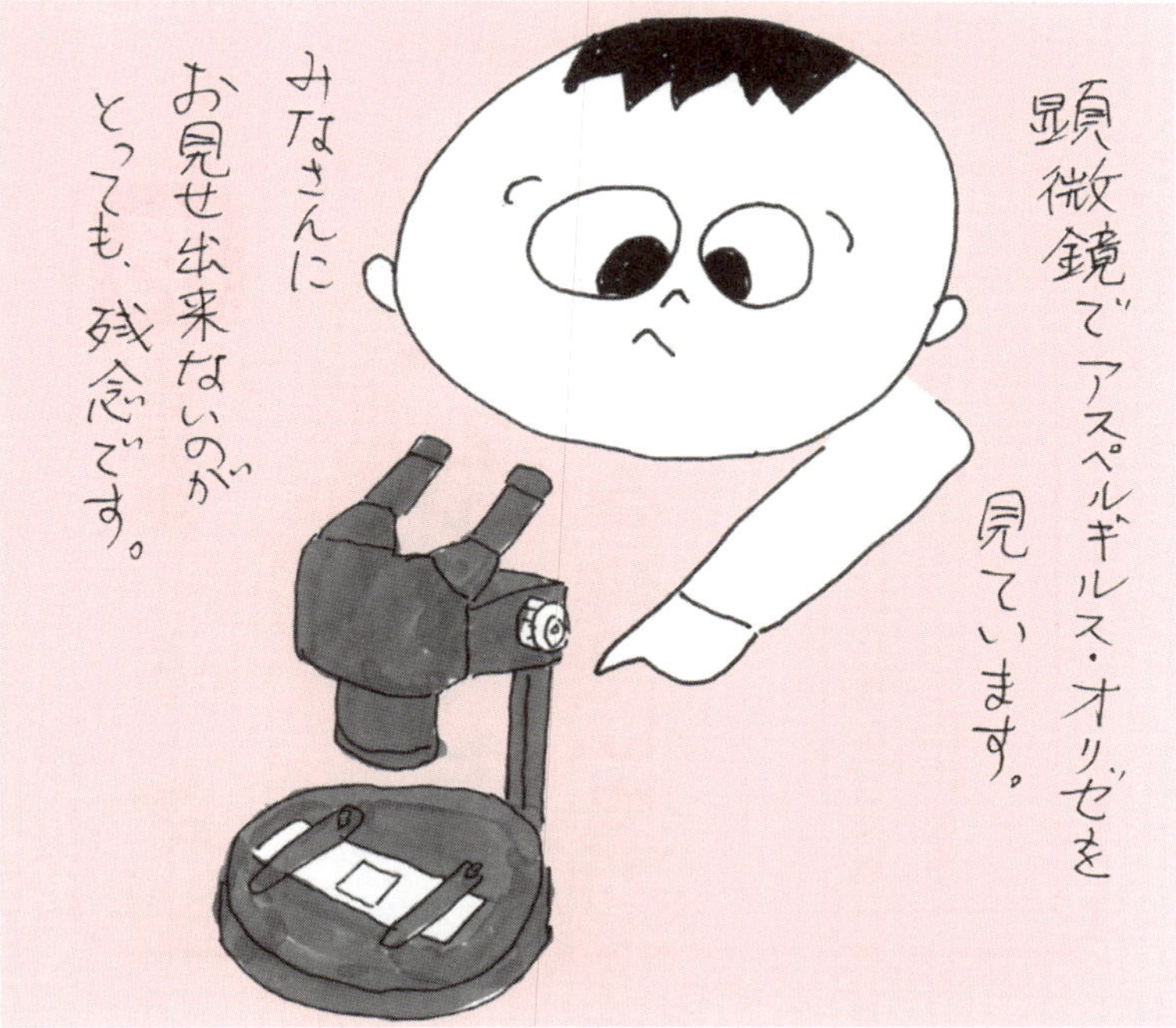
顕微鏡でアスペルギルス・オリゼを
見ています。
みなさんに
お見せ出来ないのが
とっても、残念です。

余談

麹菌と日本人との付き合いは、6000年前の縄文時代までさかのぼるといわれます。神棚にお供えした蒸し米に白カビがつき胞子をのばす様子を見て、古代の人々は、それを「黴立（かびだち）」と呼びました。さらに訛って「カムダチ」→「カウダチ」→「カウヂ」→「コウヂ」と変化していき、いまのコウジになったといわれています。

← 次は 或る列車

あ

或る列車（あるれっしゃ）

難易度…Ⓐ

幻の列車を復活させた、九州旅客鉄道が運行する団体専用の観光列車。

明治時代に九州にあった私鉄・九州鉄道がアメリカに発注した豪華な設備の特別客車「九州鉄道ブリル客車」の通称です。車両が納入された時点で九州鉄道は国有化され、営業運行されないまま東京の操車場に放置され忘れられていました。

２０１２年、九州旅客鉄道の青柳俊彦会長（当時：専務）が、鉄道模型収集家が開設した「原鉄道模型博物館」で、鉄道模型「或る列車」を目にしたことから実際の車両として再生させることを決意。超豪華寝台列車「ななつ星ｉｎ九州」をデザインした水戸岡鋭治氏に設計を委託し「ＪＲ九州・或る列車」として現代に蘇ったものです。

列車名の「或る列車」〝ＡＲＵ〟には、A-AMAZING（「素晴らしい」九州の魅力を広く紹介）、R-ROYAL（「豪華な」デザイン、「素晴らしい」スイーツコース）U-UNIVERSAL（「世界中の」「皆さま」に愛される列車を目指して）の意味が込められています。

余談

ネーミングも魅力的。きっとそれは「ある」ではなく「或る」という表現のせいでしょう。有島武郎の「或る女」、映画「或る夜の出来事」などを思い浮かべ、レトロ感が醸し出されているからに違いありません。「或るホテル」「或るレストラン」「或るカレー」なんてネーミング、ヒットするかもね。

← 次は イーストアイ

い

難易度…Ⓐ

イーストアイ

JR東日本の電気・軌道総合試験車（検測車）の愛称。

JR東海、JR西日本の「鉄道のお医者さん」と言われるドクターイエローが人気です。いつ、誰が言い出したのかわかりませんが、運行時刻が非公開であることから、見ると「幸せになれる」と言われています。ホームにドクターイエローが入って来ると、鉄道ファン以外の人たちもスマホを向けて、ちょっとした騒ぎになります。

このドクターイエローと同じ目的の車両が、JR東日本にもあります。それがイーストアイ。上越、北陸、東北、北海道、山形、秋田の各新幹線を走っています。

ところが、その知名度も人気もドクターイエローには及びません。関連グッズ、おもちゃ

の数も少ないそうです。その理由はおそらく、車体の色にあるものと思われます。白色に赤いラインが一本。

正直、地味です。

余談

いらぬおせっかいですが、どうしたらイーストアイの人気が出るか考えてみました。

①小山薫堂さんに依頼して、イーストアイのマスコットキャラクターを作る。

②秋元康さんに依頼して、アイドルグループにイーストアイがテーマの曲を歌ってもらう。

③「見ると宝くじに当たる」という噂を巷に流す。

← 次は 出雲国造家

い

難易度…Ⓑ

出雲国造家（いずもこくぞうけ）

出雲国を支配した国造。代々出雲大社の神事を担ってきた千家家、北島家という二つの家のこと。

古代出雲の豪族で、現在の島根県東半部にあたる一体を治めていました。

出雲国造家の家祖・祖神は天穂日命（あめのほひのみこと）で、天照大神の子とされ、出雲大社を創建したと伝えられています。

天穂日命と祖神とする出雲国造家は、出雲国を支配すると共に、出雲大社の最高神職を代々担ってきました。出雲国造職は，南北朝時代から千家・北島両家に分かれて受け継がれるようになり、今日に及んでいます。

出雲大社の宮司は、出雲国造家直系の千家家が継承しています。２００２年に出雲大社の宮司となった千家尊祐で第84代目となります。

余談

天皇家と出雲国造家とは共に神代より続く家系として語られる機会が多く千家尊祐の子息である千家国麿は、2014年には、皇室の高円宮憲仁親王第二王女典子女王と結婚されました。古代から続くもっとも長い家系同士の婚姻です。

← 次は 一に姿。二に地鉄、三四がなくて五に刃文

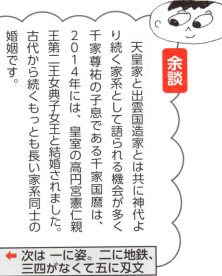

い

難易度…Ⓑ

一に姿。二に地鉄（じがね）、三四がなくて五に刃文（はもん）

日本刀を鑑賞する際の、三つの見どころのこと。

まず見るのは、日本刀の全体の姿（体配と呼ぶ）です。反りの具合や刀身の幅・厚さ、きっさきの形状により個性や時代さが現れます。

次に地鉄。よく観察すると細かな文様が見えます。縦方向へまっすぐに目の通った柾《まさ》目肌とよばれるもの、木の年輪が流れたようにみえる板目肌、板目肌よりさらに節が丸く目立ってみえる杢目肌《もくめはだ》などが代表的なものです。

焼きを入れられて、地鉄に対して白く見える刃の形状が、重要な鑑賞ポイントとなります。刃の部分をよく見ると、焼きが入っていない平地との境目に様々な形をした文様があらわれてきます。これを「刃文（はもん）」

といい、古くからその形状が鑑賞の対象となってきました。

余談

よく、「一に〇〇、二に〇〇、三四がなくて、五に〇〇」と耳にします。例えば、不動産業界では、「1に立地、2に立地、3・4がなくて、5に立地」と言うそうです。「〇〇」に、「勉強」「営業」「練習」などを入れて繰り返すと、妙に説得力があります。でも、三四がないのはなぜなのでしょう。

← 次は 一六銀行

い

難易度…Ⓐ

一六銀行（いちろくぎんこう）

質屋のこと。

一と六を合計すると七（しち）になり、同音の「質（しち）」に通じるところから「質屋（しちや）」のことをこう呼びました。

お金に困った時、お世話になる後ろめたい気持ちをあえて「洒落」て表現したのでしょう。その他、六一銀行、七つ屋（ななつや）、五二屋（ぐにや）とも呼ばれていました。

日本人は数字の言葉遊びがよほど好きなようです。例えば、サツマイモのことを「十三里」と呼びます。「栗（九里）より（四里）うまい十三里」つまり「九里＋四里＝十三里」という洒落。五街道の起点、江戸の日本橋からサツマイモの産地として知られていた川越（現在の埼玉県川越市）までの距離がおよそ

十三里（約51ｋｍ）だったため、「十三里」と呼ばれるようになった、という説もあります。

余談

岐阜県に本社を置く十六銀行《じゅうろくぎんこう》という金融機関があります。渋沢栄一率いる第一国立銀行の指導の下、1877年に創立された国立第十六銀行を源流とする、いわゆる国立ナンバーバンクです。他の地域に住む人たちから、「一六銀行」と勘違いされていないか、ちょっと心配になります。

← 次は 異類婚姻譚

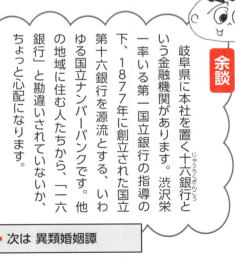

い

異類婚姻譚（いるいこんいんたん）

難易度…Ⓒ

民俗学用語。人間が動物や妖怪、精霊などの異類（人間以外のもの）と婚姻する昔話、説話の一つ。

日本を含め世界的に分布する説話類型で、異類が男性の場合と女性の場合の両方があります。

婚姻の相手としては、蛇、馬、キツネ、カエル、ネコ、熊、鳥、魚・貝などの動物の他、想像上の生き物である山姥、鬼、河童、さらに神、妖精、精霊など信仰対象となる存在の場合もあります。

日本で、もっとも有名なお話は羽衣伝説でしょう。男が水浴びをする天女に見惚れて天に返したくなり、羽衣を隠して自分の妻にしてしまうというお話です。「人間以外の人と恋に落ちる」という話はロマンチックだからか、古今東西様々な創作に用いられて来ました。

「美女と野獣」「かえるの王様」「奥様は魔女」「白蛇伝」「南総里見八犬伝」など数え上げたら切りがありません。

余談

スタジオジブリ作品「崖の上のポニョ」も、人間の男の子・宗介と魚の女の子・ポニョとの恋物語なので、これにも異類婚姻譚に属するといってもいいでしょう。

← 次は 鰯で精進落ち

い

難易度…Ⓐ

鰯で精進落ち（いわしでしょうじんおち）

ずっと耐えてきた努力が報われないことや、つまらないことで努力がむだになることのたとえ。

近しい親族が亡くなると、結婚式への参列を控えたり、神社への参拝や正月の儀式を行わないなどして喪に服します。死は「穢れ」と信じられて来たからです。仏教の宗派や地方の風習によって異なりますが、1年くらいの間、肉や魚を食べないようにしていました。

修行僧ではありませんから、なかなか我慢するのはたいへんです。忌明けの四十九日の法要の後に料理をふるまうことを「精進落《しょうじんお》とし」といいます。「ようやく肉や魚が食べられる！　と楽しみにしたのに、鰯が出て来てガッカリした」という訳。そこから繋がり、努力が水の泡になるという意味で、「鰯で精進落ち」という言葉が生まれました。もっと

も最近ではこの風習は廃れ、火葬場から戻るとすぐに初七日法要を行い、その際に食べる精進落としの料理にお寿司やエビの天ぷらが並べられることも珍しくありません。

余談

江戸時代に盛んに行われた「お伊勢参り」の参道には、多くの遊郭が立ち並んでいました。「鰯」ならぬ「遊郭」で「精進落とし」をしていたのです。外宮と内宮を結ぶ街道の途中にあった古市遊廓は、江戸・吉原、京都・島原などとともに五大遊郭といわれ、一説には最盛期は妓楼70軒、遊女1000人を数えました。

← 次は インプットデー

い

インプットデー

難易度…Ⓐ

月に一日、日常の仕事を離れて好きな場所に行って、好きな体験をすることを推奨する玩具メーカー「セガトイズ」の社内制度。

週末などになかなか行けないイベントやエンタメ施設への訪問・体験するこの制度には、費用面の支援まであるそうです。ただし体験後は、社内版のX（旧ツイッター）で簡単に報告することが条件になっています。

ありとあらゆる世界のエンターテイメントに触れることで、従来の枠にとらわれないより良いクリエイションを生み出し、豊かなアウトプットに繋げようという試みです。

この「インプットデイ」のおかげで誕生した「夢ペット 産んじゃったシリーズ」は、大ヒットしました。お母さんネコのぬいぐるみの背中を撫でてあげると、「ニャー」と鳴きます。30回ほど撫でると、「ゴロゴロ」と

ひやひや〜
おもちゃがねこ
産んじゃいまちたねえ

泣き声が変わる。さらに10回撫でると、「キラキラリーン」と鳴り、出産準備が整った合図です。お腹をやさしく開けてあげると、「ハッピバースディ」の音楽が流れ赤ちゃんネコを取り上げることができます。

余談

1979年9月、「お茶漬け海苔」「松茸の味お吸いもの」「すし太郎」などのヒット商品で有名な「永谷園」で、「ぶらぶら社員」という制度が誕生しました。「出社は自由、経費は使いたい放題」で、ぶらぶらして新商品のアイデアを考えるのです。インプットデーと同じ趣旨。そこから誕生したのが、ロングセラー商品「麻婆春雨」です。

← 次は 歌回し

う

難易度…Ⓐ

歌回し（うたまわし）

全日本合唱コンクール全国大会高校部門で、結果発表を待つ観客席の生徒たちが、歌をリレーする恒例の行事のこと。

結果を待つ緊張の時間が、魔法のように一瞬にして和やかな雰囲気になるといいます。「歌回し」は観客席にいる生徒たちが、自発的に始めます。全校の演奏が終わり休憩に入ると、会場の一角から不意に「○○高校」と呼ぶ声が上がります。指名された学校の生徒は「○○高校です」と自己紹介し、1分ほどの歌を披露。そして次の学校を呼び、呼ばれた学校はまた歌を披露します。こうして各校がバトンタッチをしながら、歌をつないでいきます。曲は各校が自由に選び、時には踊りを交えることもあり、審査結果を待つ緊張の時間が、軽やかな歌声のリレーと拍手で包まれます。

年によっては最後に、合唱の名曲として知られる「大地讃頌（さんしょう）」を会場全体で歌うこともあるそうです。

余談

公式のイベントではないため、主催する全日本合唱連盟には確かな記録は残っていないそうです。決まりでも誰の押し付けでもなく、「自然発生」「自発的」というのがいいですね。これぞ音楽！　これぞ青春!!

← 次は 宇宙水道局

う

難易度…Ⓐ

宇宙水道局（うちゅうすいどうきょく）

宇宙ビッグデータを活用した水道管の漏水リスク管理業務システムのこと。

ＪＡＸＡ認定の宇宙ベンチャー株式会社天地人（東京都中央区、代表取締役 櫻庭康人）が提供している、宇宙ビッグデータを活用した水道管の漏水リスク管理業務システム「天地人コンパス宇宙水迫局」のことです。

これは地球観測衛星が観測したデータ（宇宙ビッグデータ）と、水道事業者が保有する水道管路情報などを組み合わせて、ＡＩ（機械学習）で解析することで、約１００ｍ四方の地区ごとに漏水リスクを評価し、本システムで確認・管理できます。

メリットは、ズバリ地方自治体の経費削減が可能になること。２０２２年度に行った内閣府との実証実験や他自治体へのヒアリング

を通して、本システムの期待できる効果は点検費用が最大65％削減、調査期間が最大85％削減とされています。

余談

「漏水」が見つけられることで地方自治体の経費削減ができるらしい。それなら、国会議員の「贈収賄」、各官庁や地方自治体の「税金の無駄遣い」もぜひ見つけて欲しいところです。

← 次は うちわまき

う

難易度…Ⓐ

うちわまき

奈良市の唐招提寺で、覚盛上人の命日（5月19日）に行われる法要の後、舎利殿から数百本の「うちわ」を撒く行事のこと。

覚盛上人が、坐禅中に蚊にさされているのを見かね、弟子の僧が叩こうとしたところ、上人は、「不殺生を守りなさい、自分の血を与えるのも菩薩行である」と言ったと伝えられています。その徳をたたえ、蚊を追い払うためうちわを供えるようになったのが「うちわまき」の始まりです。一五〇〇本のうちわが参拝者にまかれますが、うちわを授かることは、病魔退散や魔除けのご利益があるといわれています。

　この「うちわ」はハートの形をしています。そのため、最近ではインスタなどSNSには、「恋が実る」などといった縁起に結びつけられて話題になっています。古来日本では、イ

ノシシの瞳がハートマークに似ていることから、「猪の目」という図柄が寺院などの伝統的建築で用いられてきました。「猪の目」そのものに魔除けや福を招くという意味があると言われています。

余談

京都には、このハートマークが見られると言うことで、若者に人気の寺社が数多くあります。八坂神社、三室戸寺、貴船神社、東福寺、正寿院、柳谷観音楊谷寺、安楽寺、高台寺、野宮神社、若宮八幡宮社、地蔵院、一休寺、梨木神社、上賀茂神社、若一神社、松尾大社、須賀神社・・・などなど。ハートマーク探しの旅も楽しいかもしれません。

← 次は
宇奈月温泉（木管）事件

う

難易度…Ⓑ

宇奈月温泉（木管）事件（うなつきおんせん（もっかん）じけん）

「権利の乱用」について初めて裁判所が明らかにしたことで知られる裁判

宇奈月温泉では、7・5km先にある黒薙温泉から地下に埋設させた木製の引湯管を使いお湯を引いていました。これは、大正6年にA社が当時の価格30万円で、埋没させる土地の利用権を獲得して完成させたものでした。ところが、この引湯管の一部（わずか2坪）が他人の土地を経由していたのです。2坪の所有者は、その2坪も含めた112坪の所有地をXに1坪あたり26銭で売却。購入者Xは、宇奈月温泉行きの鉄道の所有者・黒部鉄道に対して、「不法占拠に当たるので、撤去してください。引湯管を撤去しないのであれば、買い取ってください」と訴えました（現在でいうと数千万円で）。

ちょっくら旅に行ってくるぜ
この宇奈月神社の御守りがあるから安心だ!!
権利ノ濫用
宇奈月神社

大審院はこの訴えに対して、「引湯管を撤去すれば、宇奈月温泉と住民に致命的な損害を与えることになる。このような結果をもたらす所有権の行使に基づく請求は所有権の目的に反するものであり、権利の濫用であって権利行使が認められない」との判決を下した。

余談

宇奈月温泉の名前の由来は、黒部川の電源開発者が温泉に浸かっていると、ちょうど月が美しかったので、もともとあった「うなづき」という地名に、「宇治や奈良と並ぶ月の名所にしたい」と、「宇」「奈」「月」の3つを取って名付けられたと言われています。

← 次は 永久おけ

え

難易度…Ⓒ

永久おけ（えいきゅうおけ）

温泉旅館や銭湯のお風呂場に置いてあるケロリン桶《おけ》のこと。

ケロリン桶は、日本全国の銭湯や公衆浴場で使用されている黄色いプラスチック製の湯桶のことです。１９６３年（昭和38年）に内外薬品（現：富山めぐみ製薬）の鎮痛薬ケロリンの広告媒体として製造が開始されました。衛生上の問題から、銭湯の湯桶が木から合成樹脂に切り替えられる時期、「風呂桶を使った広告は多くの人が目にするはず」ということから、東京温泉（東京駅八重洲口）に置かれたのが最初です。

これが好評で、ケロリンの桶は全国の銭湯、温泉、ゴルフ場などの浴室へと波及していったのです。以来、延べ２５０万個も納入。現在も年４、５万個のペースで納入が続けられ

ています。
銭湯で子供が蹴飛ばしても、腰掛けにされてもビクともしないことから、別名「永久桶」とも呼ばれています。

余談

たぶん、「けろり」と治ることからのネーミングなのでしょう。ロキソニン、バッファリン、カルロール、イブ、セデス、ナロン、ノーシンなど、解熱鎮痛剤は群雄割拠。そんな中、生き残っているのははやり「ケロリン桶」のおかげなのでしょう。

← 次は オオセンチコガネ

お

難易度…Ⓐ

オオセンチコガネ

牧場などの獣糞や動物の死骸に集まるコガネムシ科の昆虫。

体表の輝きが強く美しく色は、金緑、金青緑、金紫、金赤紫など地域によってさまざまなバリエーションがあります。

動物の糞に集まり、メスは地中へ糞を埋めこんで産卵します。また、幼虫は糞を食べて育ちます。そのため、「センチ」という名前は、トイレをさす言葉である「雪隠（せっちん）」から変化したものです。つまり、直訳すると「でっかいトイレにいるコガネムシ」ということになります。

糞をするニホンジカやカモシカ、サルやイノシシが生きるためには、木の葉や草、昆虫など食べ物が豊富になくてはなりません。つまり、生き物は、他の生き物と関わり合いな

がら生きています。このつながりのどこかが絶滅などで途切れてしまったり、ある種が急激に増えたり減ったりすると、生態系のバランスが崩れてしまいます。

余談

糞を食べる生き物は、ウサギやコアラ、ブタなど珍しくありません。どんな動物でも口にした食べ物の大半は、消化器で吸収されないまま排出されてしまいます。その上、腸内細菌などの微生物も含まれており、たいへん栄養豊富であることは間違いありません。

← 次は オートライシズム

お

オートライシズム

難易度…Ⓒ

鳥などが人間活動に乗じてちゃっかりエサをとる行動

きっと、多くの方が「ああ」と言われることでしょう。春に田んぼを耕したり、公園の草取りや庭の芝刈りをした後に姿を現した昆虫などのエサを、スズメやムクドリ、カラスがやって来てついばむ姿を見かけたことがあるに違いありません。

この行動を「オートライシズム(autolycism)」と呼びます。

ふと、思います。鳥の方が、人間よりも昔から地球に存在していたはず。ましてや、人間が農耕するようになったのは、たかだか1万年です。ということは、鳥が人間の行動を観察して、生きて行くために編み出した知恵なのですね。

「autolycism」の語源は、ギリシャ神話の泥棒の名前（Autolycus：アウトリュコス）に由来します。

余談

漁港の荷揚げ作業の場所にカモメやサギ、ネコがたむろして、「おこぼれ」をもらおうとして待ち受けているのもオートライシズムに当たるのでしょうね。

← 次は おっちゃんレンタル

お おっちゃんレンタル

難易度…Ⓐ

岐阜県飛騨市のふるさと納税の返礼品で、あるジャンルのプロである「おっちゃん」を貸し出すこと。

ふるさと納税の返礼品というと、地方の名産であるメロンや牛肉などの「モノ」が主体です。そんな中、「コト返礼品」として話題になりました。ディープな飛騨の魅力を発信する「飛騨市ならではのおっちゃん」をレンタルすることで、寄附者が寄附先に訪れるきっかけになり、ただ観光するだけでは得られない寄附者と地元の人との交流を育み、地元の飲食店やサービスを受け地域経済を回す効果を期待しての企画だそうです。

初代おっちゃんは、大田利正さん（70歳）でした。飛騨古川ユースホステルの経営をしながら、お客さまと町を楽しむうちにガイドを務めるようになりました。地元で人気のあ

るローカルなお店に案内したり、時には地元民も知らないような飛騨の隠れた魅力を紹介するのが返礼品。マニアックなファンが多く、リピーターや指名も多数受けています。

追書

二代目のおっちゃんは、京都府出身の鮎釣り名人・室田正さん（75歳）。65歳の時、飛騨市の宮川の鮎に惚れ込んで移住し、行政や地域の人々と協力しながら飛騨宮川下流の「飛騨のあばれ鮎」のブランド化に力を入れています。

鮎友釣りの個人レッスンが返礼品です。
☆年齢は2024年12月15日現在

← 次は オヤカク

お

オヤカク

難易度…Ⓑ

就職試験に合格した学生の両親に、企業が「内定を承諾することに賛成ですか」と確認すること。つまり、略して「親確」。

「オワハラ」という言葉が一般的になりました。「就活終われハラスメント」の略で、企業が就活学生に内定を出す際や内定を出した後に、「他社への就職活動をやめさせる、あるいは他社の内定を辞退するよう迫る行為」のことです。

企業側がいくら「ぜひ我が社へ」と願っても、たとえ学生本人が入社を希望していても、親が内定先企業に何かしらの不満を持ち、辞退に及ぶケースが珍しくないことから「オヤカク」が始まりました。一人の新入社員を獲得するのには、多大なリクルート費用がかかります。なんとか貴重な人材を確保したいという企業側の苦肉の策でしょう。

「入社誓約書」などの文書に保護者の署名欄が設けられたりします。その誓約書には「提出後は、正当な理由なく入社を拒否しません」などと書かれています。

余談

要因は少子化だと思われます。一人の子どもに、両親と、それぞれの祖父母の計6人の財布が付いているという時代。それに、おじさん、おばさんも加わると、さらに多額のお金が子どもに注ぎ込まれます。数々の習い事をさせ、大切に育て来た末の就職。子育てのスポンサーが、就職に大きな発言権を持っても不思議ではありません。

← 次は 海外県

か

難易度…Ⓐ

海外県（かいがいけん）

1946年、フランスの海外領土の一部に設置された5つの県のこと。

マルティニーク島（カリブ海）、グアドループ（カリブ海）、フランス領ギアナ（南米）、レユニオン島（マダガスカル島沖）、マヨット（コモロ諸島）の5県で、フランス国内の県と同等に扱われ、国会議員を出しています。

かつてのフランス植民地帝国時代に形成された領土であり、脱植民地化後もさまざまな形でフランスの一部として残ることを選んだ地域です。これらの領土は、文化的、政治的にさまざまな現実があり、まったく異なる行政・法制度が適用されています。

フランス共和国憲法によれば、「フランスの法律は国内全土に於いて施行される事」となっていますが、海外県・海外領土では国防・国

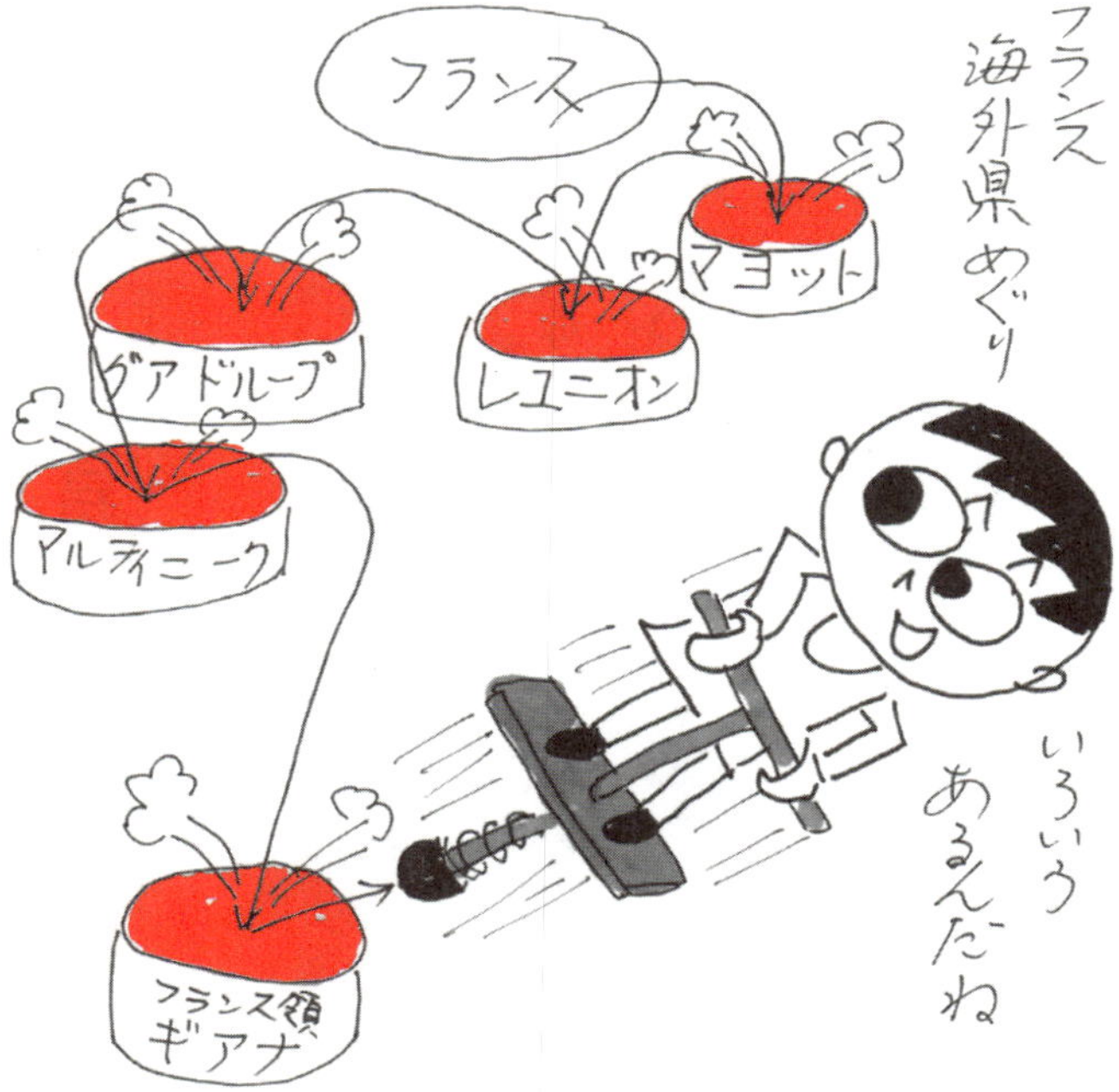

際関係・貿易・貨幣・法廷・統治等の特殊な分野を除き、この原則に反して独自の法律を制定する事が許可され、実際に施行されています。

余談

スケールは異なりますが、日本国内にも「飛び地」というものがいくつもあります。その一つ「北山村」は紀伊半島の中央部に位置し、南は三重県、北は奈良県に囲まれた東西20km、南北8km。和歌山県でありながら和歌山県のどの市町村とも隣接しない全国でも唯一の飛び地の人口五百人の村です。

← 次は　かきのもと　おもいのほか　もってのほか

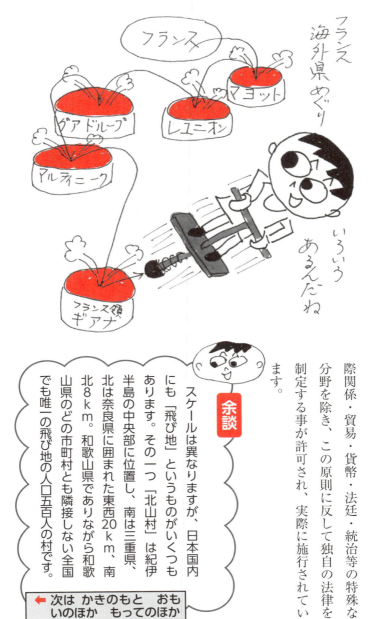

か 難易度…Ⓑ

かきのもと おもいのほか もってのほか

食用菊のこと。

「かきのもと」は、新潟県燕市がおもな産地の食用菊です。新潟県中越地方（長岡市など）や魚沼では「おもいのほか」、山形県では「もってのほか」とも呼ばれるそうです。

ほろ苦い味とシャキシャキした歯ごたえが特徴です。鑑賞用としても美しいこの菊は、新潟では江戸時代から食用菊として親しまれていました。

「かきのもと」の名前の由来は、「生け垣の根本に植えたから」、「柿の木の根本に植えたから」など諸説ありますが、現在は、「柿の実が色づいてくるころ赤くなるから」というのが一般的になっています。

おひたしにして
食べても
美味しいんだよ
食用菊

余談

「もってのほか」の名前の由来は、「天皇の御紋である菊の花を食べるとはもってのほか」とか「もってのほかおいしい」といったことから付けられたといわれています。

ところで、天皇陛下も召し上がられたことがあるのでしょうか。

← 次は 隠された地震

か

隠された地震（かくされたじしん）

難易度…Ⓑ

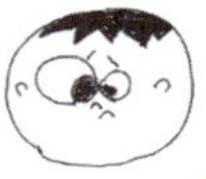

旧陸軍が情報統制により、太平洋戦争末期に隠蔽した二つの大地震のこと。

1944（昭和19）年12月7日午後1時に発生した「昭和東南海地震」は、海洋プレートの沈み込みに伴い発生したマグニチュード7・9の地震で、授業・勤務時間帯に重なったこともあり、学校や軍需工場等を中心に死者1223人の被害が発生しました。

その37日後の1945（昭和20）年1月13日午前3時、内陸直下型で発生した「三河地震」の死者は2306人にも及びました。

にもかかわらず、ほとんど報道さえされず詳しい記録が残っていません。

「東南海地震」と検索すると、現在ではM8クラスの巨大地震を指すようです。

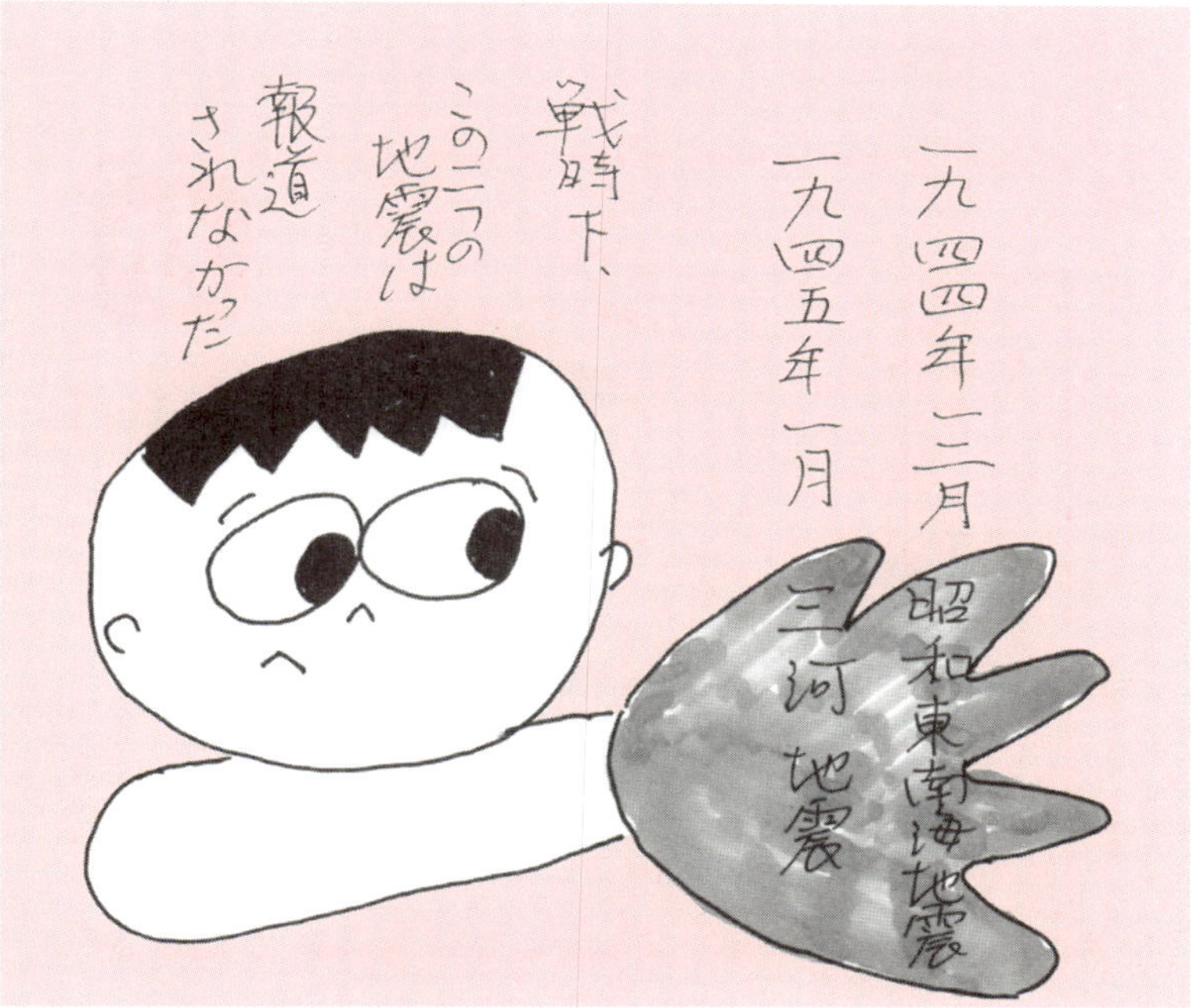

余談

昭和東南海地震の翌日の12月8日は、威勢の良い戦況を伝える記事が掲載されていました。たとえば朝日新聞では、社会面の下部に「昨日の地震」と題した小さな記事があるだけでした。なぜなら、この3年前の1941（昭和16）年、米英に対して宣戦を布告するという開戦の詔書を戴いた日（大詔奉戴日）だったからです。

← 次は ガチャマン

か

難易度…Ⓐ

ガチャマン

織機を「ガチャン」と織れば「万」の金が儲かること

1950年（昭和25年）に勃発した朝鮮戦争により、日本は特需に沸きました。特に、その中でも軍服や土嚢の麻袋などのも繊維産業が潤い、「ガチャマン景気」と呼ばれる景気拡大現象が起きました。

織機を「ガチャン」と一回織るだけで、1万（マン）円儲かるという例えから名付けられています。

愛知県一宮市は、平安時代から続く繊維の街で、特に「ガチャマン」の恩恵を受けて成長しました。

ところで、この名前からついSFアニメの科学忍者隊「ガッチャマン」を連想してしまう人も多いのではないでしょうか。

余談

愛知県一宮市では、「はたやさん」の織機の音がうるさいため、近く静かな喫茶店で商談や打合せをしました。日に、4、5回も通うことから、人の良いマスターが朝のコーヒーにパンとゆで卵とピーナッツをサービスに付けたのが「モーニングサービス」の始まりと言われています。

← 次は カンカン野菜

か

難易度…Ⓑ

カンカン野菜

富山県内全域で生産されている富山のカン（寒）・カン（甘）野菜のこと

富山のような雪国では、昔から、秋に収穫した大根やニンジンを冬のあいだ土の中に埋めておき、雪の下で越冬保存することがあります。野菜は、寒さで凍結するのを防ごうと、凍結防止成分である糖分を増加、蓄積するといわれており、翌春に土の中から掘り起されたそれらの野菜は、収穫時より甘さを増し、サラダに、煮物にと、おいしくいただけるというわけです。

　すべての野菜が、低温で甘みを増すわけなく、現在16品目。露地栽培では、キャベツ、にんじん、かぶ、だいこんの4品目。施設栽培では白ねぎ、なばな、いちご、プチヴェール、オータムポエム、子持ち高菜、寒締めほ

うれん草、寒締めこまつな、アスパラガス、レタスの10品目。さらに収穫後、甘みを増やすためにあえて一定期間貯蔵するものとして、さつまいも、ヤーコンの2品目が加わります。

余談

他にも、越冬キャベツ（北海道和寒町）、雪の下大根（北海道函館市亀田地区）、越冬ねぎ（北海道北見市）などが知られています。ふかうら雪人参（青森県深浦町）は糖度が高く、フルーティーな甘さが特徴。にんじん特有のにおいが少なく、そのまま絞ってジュースにしてもおいしいそうです。

← 次は 感謝離

か

難易度…Ⓑ

感謝離（かんしゃり）

愛する人の遺品に〝感謝〟してからお別れすること。

２０１９年５月、朝日新聞の投稿欄に一通の便りが届きました。神奈川県在住の河崎啓一さん（89）は、結婚生活62年を数えた妻・和子さんを亡くされました。寂しさの中で遺品の整理しているうちに、古びて襟が擦り切れたパジャマが眼に留まりました。気に入って着ていたから、擦り切れたのだと思いました。衣類に対して「妻を守ってくれて、飾ってくれてありがとう」という気持ちが湧いてきたそうです。思い出の詰まった衣類を見ながら切ない気持ちで仕分けを続けるうち、ふと頭に浮かんだのが、「感謝離」という言葉でした。これはいらないといって捨てるのではなく、感謝しながら整理をするのが「感謝

離」だそうです。『感謝離　ずっと一緒に』（双葉社）のタイトルで本になり、さらに尾藤イサオと中尾ミエのダブル主演で映画化もされました。

余談

人が長く使っていた物には、「つくも神」という精霊が宿るという言い伝えがあります。

穴の空いた靴下を、ゴミ箱にポイッと捨てたら、妻に叱られました。「紙に包んで、今までありがとうと感謝の言葉を掛けてから捨てるのよ」と。

まさしく、「感謝離」です。

← 次は 寒天橋

か

難易度…Ⓐ

寒天橋（かんてんばし）

静岡県賀茂郡河津町の旧天城トンネル近くにかかる橋の名前。

天城峠の下を通る旧天城隧道を下って、本谷川に出逢う場所に寒天橋があります。伊豆へ旅行に出掛けたことのない人にも、この「寒天橋」はよく知られています。石川さゆりさんの名曲「天城越え」の二番の歌詞に「小夜時雨　寒天橋♪」と歌われているからです。なぜ、そんな山の中の場所に、「寒天」という名前が付いたのでしょうか?

橋の上流側に、南伊豆などの磯場で採った天草から寒天を作る製造所があったそうです。また、伊豆の海で採れたテングサを、寒天の製造地・信州へ運んでいたことに由来とするとも言われています。

余談

「天城越え」の作詞は「真っ赤な太陽」「大阪しぐれ」で有名な吉岡治さんです。「寒天橋」がなぜ、詩の中に盛り込まれたのかは亡くなられているのでわかりません。作曲の弦哲也さんによれば、二人で作品を作るために伊豆を旅されたそうです。答は旅のロマンということで・・・。

← 次は 聞きなし

き

難易度…Ⓑ

聞きなし

鳥の声を人の言葉に置きかえて聞く方法のこと。

ウグイスが「ホーホケキョ（法、法華経）」と鳴くのは、誰もが知っています。

そうなんです。それこそが、「聞きなし」なのです。古来、日本では鳥の鳴き声をいろんな言葉に置き換えて表現して来ました。

メジロ→「長兵衛、忠兵衛、長忠兵衛」
コジュケイ→「ちょっと来い、ちょっと来い」
ホトトギス→「特許許可局」
コノハズク→「仏法僧（ブッポウソウ）」

そんな中でも、ホオジロはいくつもの「聞きなし」があります。もっとも一般的で有名なのが、「一筆啓上、仕り候（つかまつりそ

うろう）」です。

その他にも、ホオジロは「源平ツツジ、茶ツツジ」「サッポロラーメン、ミソラーメン」などと聞こえる人もいるそうです。

余談

「タモリ倶楽部」（2023・4・1放送終了）の名物コーナーに「空耳アワー」がありました。洋楽の歌詞が別の日本語に聞こえる作品を募集するものです。

まさしく、「聞きなし」も同じです。

← 次は 気候難民

き

難易度…Ⓐ

気候難民（きこうなんみん）

近年、洪水や干ばつなど、温暖化による異常気象で住む場所を追われる人たちのこと。

この70年、セネガルでは降水量が30％以上減少。森林伐採などの影響もあり、農地の6割以上が砂漠化したそうです。生まれた地で生きることができなくなり、木製の小さな船に数十人がひしめき合って乗り込み、スペイン領・カナリア諸島へ向かいます。中には1週間以上かけてたどり着き、倒れ込む人の姿も。島には彼らを受け入れる一時収容施設が建ち並んでいます。近年、アフリカからたどり着く人々が急増。多いときで月3000人近くを受け入れることもあるといいます。

今、こうした気候難民が世界各地で増え続けています。海面上昇や豪雨の多発など、地域の環境を激変させている気候変動。インフ

ラなどの整備が整わない発展途上国を中心に、住み慣れた土地を追われる人々が相次いでいるのです。

余談

私利私欲にまみれた為政者へ一言。戦争なんて愚かなことは直ちにやめて、努力しようにも、努力さえできない人たちに手を差し伸べたまえ。

難民は2050年には2億1千万人に上るとも予測されており、世界はますます混迷を深めています。

← 次は 木曽式伐木運材法

き

木曽式伐木運材法（きそしきばつぼくうんざいほう）

難易度…Ⓑ

長野県は木曽の山奥で切り出された木材を河川を使って効率良く運搬する方法。

木曽の木材は安土桃山時代から江戸時代にかけて、城や寺社仏閣の建築用材として盛んに伐り出されていました。「木曽式伐木運材法」は、深い山に囲まれた木曽谷から木材を効率よく運び出すために考案された伐採と運搬の方法です。

木曽川支流や本流を利用し、尾張国の白鳥湊（名古屋市の熱田白鳥木場）まで、木材を流送させていました。主なプロセスは、「伐倒」→「山落とし」→「小谷狩」→「大川狩」→「筏流し」という5段階です。「伐倒」で樹木を根本から切り倒した後、「山落とし」で、小谷まで木材を下ろし、「小谷狩」という工程で本流まで木材を運び、「大川狩」で

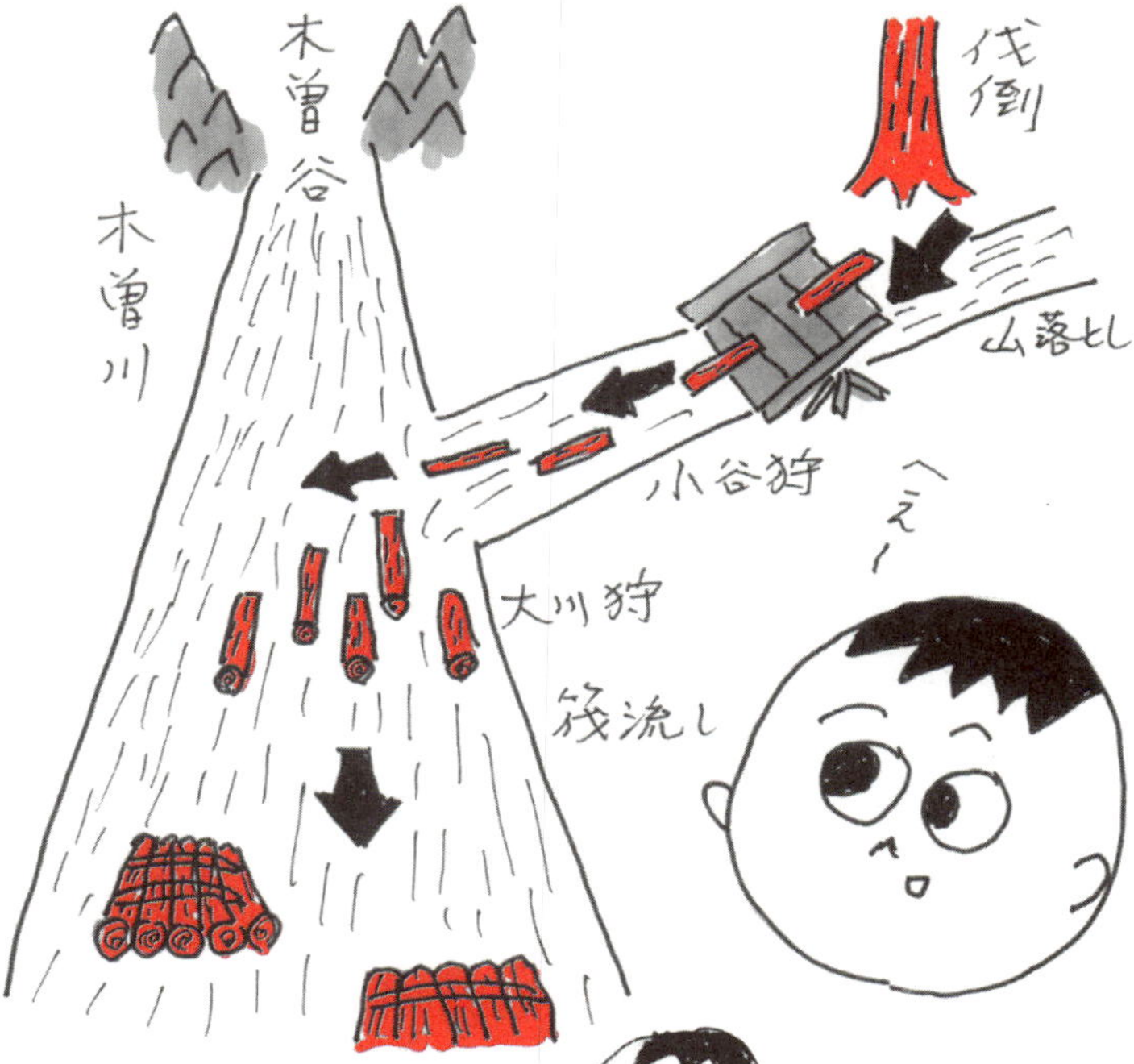

は丸太の状態で木曽川本流を運送。その後、丸太を筏に組んだ「筏流し」で最終地点の白鳥湊まで運送しました。

余談

ヒノキ・アスナロ・コウヤマキ・ネズコ・サワラは木曽五木と呼ばれ、江戸時代は尾張藩が管理していました、伐採が禁じられ、俗に「木一本、首一つ」と呼ばれるほど厳しく、背いた者には厳罰を処されました。

← 次は 共感疲労

き

共感疲労（きょうかんひろう）

難易度…Ⓑ

トラウマや悲しみを背負った人の話を聞いた時、相手に共感しすぎて感情を強く動かされ、精神的に疲れてしまうこと。

地震や豪雨など多くの被害者が出る災害が起きた際、テレビやSNSでニュースを見ている人たちが、心身の異常を訴えるケースが多いといいます。「ひだまりこころクリニック」の精神科医の野村紀夫先生によれば、それを「共感疲労」といい、肉体的には頭痛、吐き気、動悸、夜眠れないなど、精神的には無気力、何もないのに涙が出る、気分が落ち込む、罪悪感がある、などといった症状が起きるそうです。

特に、ふだん誰かの相談にのっていると一緒に泣けてしまう人、人のために何かをしたい人、ボランティア精神の強い人、もともとメンタルに疾患を抱えた人、医療従事者など

は共感疲労を起こしやすいといいます。

つまり、見ず知らずの人の不幸にさえも同情するような心優しい人が、体調を崩してしまうということになります。なんともせつない話です。

余談

野村先生は、「ニュースを見る時間を減らす」「自分の生活を楽しむ」「人と話をして気持ちを整理する」「支援団体に寄付をする」などの対応を勧めています。

← 次は 金属集積植物

き

金属集積植物（きんぞくしゅうせきしょくぶつ）

難易度…Ⓒ

金属類を吸収・蓄積する植物のこと。

この広い地球で鉱脈を探し出すのは至難です。そんな際に役立つのが植物です。

例えば、ヘビノネゴザ（カナクサ・カナキグサとも）というシダ科の植物は、金や重金属を選択的に吸収して蓄積するので、これが群生する辺りの地下に鉱脈があると言われています。そのため、古来、「金草」と呼ばれて来ました。

アジサイはアルミニウム、コシアブラはマンガン、イネはカドミウム、日本のヤブムラサキに至っては金の粒子を葉にため込みます。これらの植物を「ハイパーアキュムレーター植物」と呼びます。

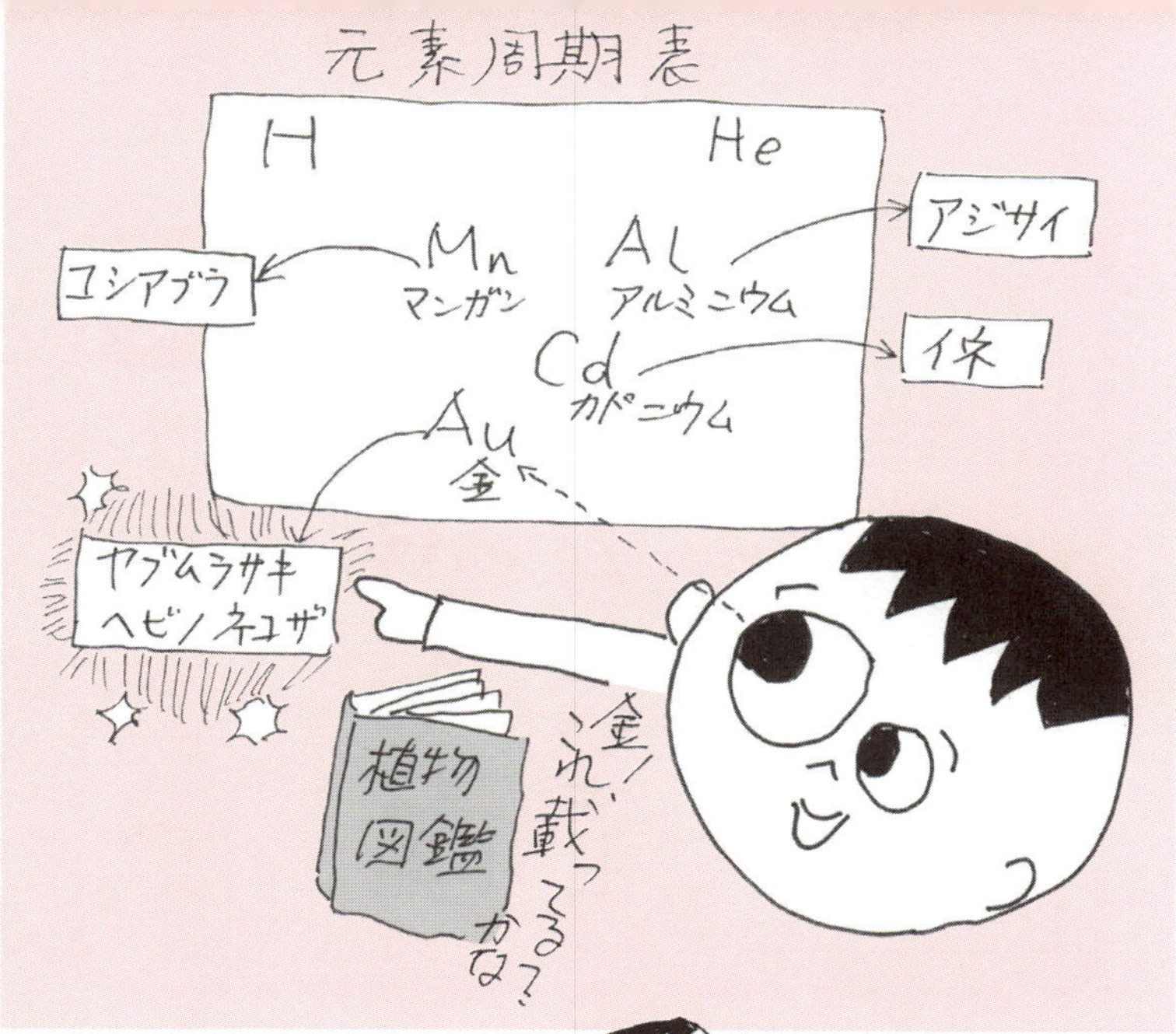

余談

これらの植物を利用して汚染された土壌の浄化をする試みも行われています。さらに、植物からニッケルを採取する研究も進んでいます。

← 次は 偶然大吉

く

難易度…Ⓑ

偶然大吉（ぐうぜんだいきち）

偶然、「大吉」のおみくじを引いたという訳ではなく・・・裏面に「大吉」という刻印が打たれている天保小判のこと。

小判を鋳造するときには、小判の裏の左下辺りに、小判師たちの小さな験極印（マーク）が押される決まりとなっていました。それがあるとき、偶然、金座人の高瀬五郎次の験極印が「大」、吹屋棟梁の広瀬吉兵衛の験極印が「吉」だったため、たまたま「大吉」になった小判が現れました。

縁起がいいということから、献上小判に「大吉」を入れることを思い付きました。献上小判とは、金座が、将軍家や幕閣などに年始贈答や祝儀、御礼などとして、献上する小判のことです。そのときに配られた特上の小判が、「献上大吉」の生い立ちと言われています。

そのため、「大吉」と刻印された小判は、

「偶然小判」と「献上小判」の二種類が存在しています。

余談

2024年1月、テレビ東京「なんでも鑑定団」では、「偶然小判」「献上小判」は300万円の鑑定価格がつきました。

← 次は 国栖人

く

難易度…Ⓒ

国栖人（くずびと）

大和時代以前から、奈良県吉野川上流に住んでいた人々のこと。葛粉の由来。

日本書紀には「国栖人」が、万葉集には「国栖ら」という言葉が出てくる個所があります。国栖らは国栖人のことを指します。古くには奈良県吉野の吉野川上流の住民をクズと呼んでおり、今でもそこには「国栖」の地名が残っています。

国栖人というのは大和国家以前の山地に住んでいた人々に与えられた呼び方であったようです。非稲作民で、独特な生活様式を身に付けたいわゆる「山人」の象徴的な呼び名でした。

つる草の根から澱粉をとった「クズ粉」を里に出て売ることがあったので、いつしかその粉に国栖の名が付けられたのではないかと

考えられています。
漢字の「葛」は後の当て字です。

余談

昭和天皇は葛湯を大層好まれ、御崩御の直前、水も喉を通らなくなった時、葛湯をお飲みになって「美味しい」と仰っしゃられたそうです。

← 次は 九寸五分

く

難易度…Ⓑ

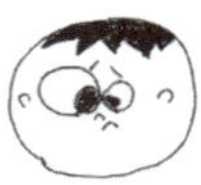

九寸五分（くすんごぶ）

短刀のこと。

一寸は、約3・03センチメートル。九寸五分は約28センチの鍔の無い短刀のことを言います。

仮名手本歌舞伎の四段目の「塩治判官切腹」の名場面。塩治判官は幕府の上使に切腹の命を受けます。死ぬ前に、家老の大星由良助（大石内蔵助）にどうしても会いたい。しかし、なかなか現れません。やむなく腹を切ったところへ、大星が駆けつけます。

苦しい息の塩治判官は、大星に腹を切った短刀を渡して言います。

「この九寸五分は汝への形見」と。

さらに「形見じゃ」と念押しします。

「かたみ」と「かたき（仇）」をかけ、主君

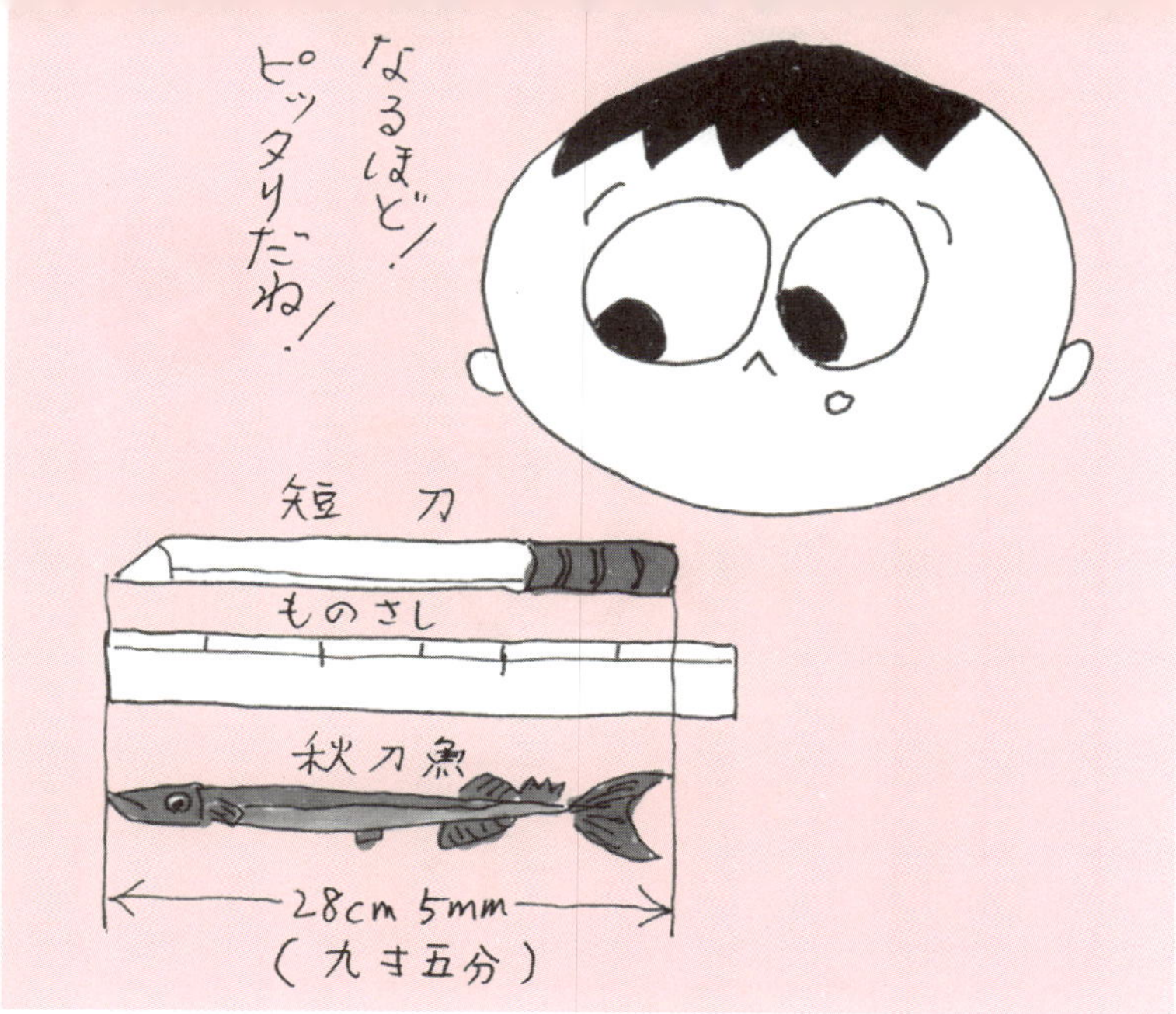

の仇討をしてくれてという思いを、九寸五分の短刀に託して言う名場面です。

余談

「さんま」はもともと「まさな（狭真魚）」と呼ばれていました。体の幅が狭い立派な魚という意味で、そこから「さんま」になったといわれています。その形が、短刀に似ていることから魚河岸では「さんま」のことを「九寸五分」と呼ぶようになったそうです。

← 次は
首振り三年ころ八年

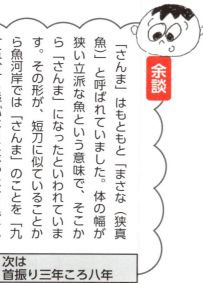

く

難易度…Ⓒ

首振り三年ころ八年

尺八から生まれたことわざ。

「首振り三年ころ八年」と言われるほど習得するのが難しい楽器です。このことわざは「首を振って音の加減ができるまでに3年、指の動きでコロコロと良い音が出せるようになるまで8年かかる」ということを表しています。

そこから転じて、何事を成すにも、それ相応の修練が要るという例えに使われます。

勤勉な日本人は、このような「辛抱」を大切にすることわざを多く生み出しています。「石の上にも三年」「商い三年」「商いは牛の涎」「雨だれ石をも穿つ」「蟻の思いも天に登る」「一年岩をも通す」「牛の歩みも千里」「金の草鞋で尋ねる」「艱難汝を玉とす」「継続は力なり」などなど。

ボブルヘッド人形だったら
首振りが得意かもね

余談

もっもと、現代ではうかつにこれらの言葉を口にして「耐えろ!」「辛抱しなさい」と言うと、ハラスメントになりかねないのでご注意のほど。

← 次は くらわんか舟

く

難易度…Ⓐ

くらわんか舟

江戸時代、大坂淀川を往来する観光用の三十石船に小舟で近づき、酒や汁物などを売った煮売り船のこと。

江戸時代、淀川は経済の中心地・大坂と都・京都を結び、さらに琵琶湖を経て東海や北陸地方とも通じる、物流の大動脈でした。大坂・伏見間の旅客専用船・淀川三十石船をはじめ、淀船・伏見船・過書船などの貨物船に酒や食べ物を売る小舟（煮売茶船）がありました。

「酒くらわんか、餅くらわんか」と呼び近づいたので「くらわんか舟」と言われました。

関が原の戦い以後、徳川軍の物資補給に協力し、幕府から営業特権を与えられたといわれています。「食らわんか、くらわんか」と呼びながら三十石船に漕ぎ寄せるさまは、当時の小説や浮世絵にも登場。広く知られた東

海道の名物でした。

現在、高槻市の柱本には、発祥の地碑が建てられ、往時をしのぶよすがとなっています。

余談

「くらわんか」とは、「食べないか?」という意味の河内弁です。

「銭がないから、ようわからんか」と挑発するようにはやし立てて、売り付けていました。

← 次は 高野四郎

こ

難易度…Ⓑ

高野四郎（こうやしろう）

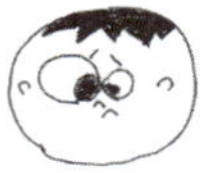

和歌山県高野山壇上伽藍の鐘楼堂にある大塔の鐘のニックネーム。

この名前を見たとき、「伊東四郎」や「岸部シロー」のような有名人かと思いました。そのせいか「高野太郎」よりも「高野四郎」の方が、親しみ深い感じがします。

さて、高野山の現在の銅鐘は、三度の消失を経て1547年（天文16年）に完成した直径2・12メートルのものです。改鋳当時は、東大寺の鐘「南都の太郎」に次ぐ大きさで「高野二郎」と呼ばれましたが、その後、知恩院と方広寺の鐘が出来たため、「高野四郎」と呼ばれるようになったと言われています。

ところが、高野山の霊宝館だより（平成18年2月10日）に連載の「高野山の名鐘」では、第一位は東大寺の鐘で不動ですが、第二位は

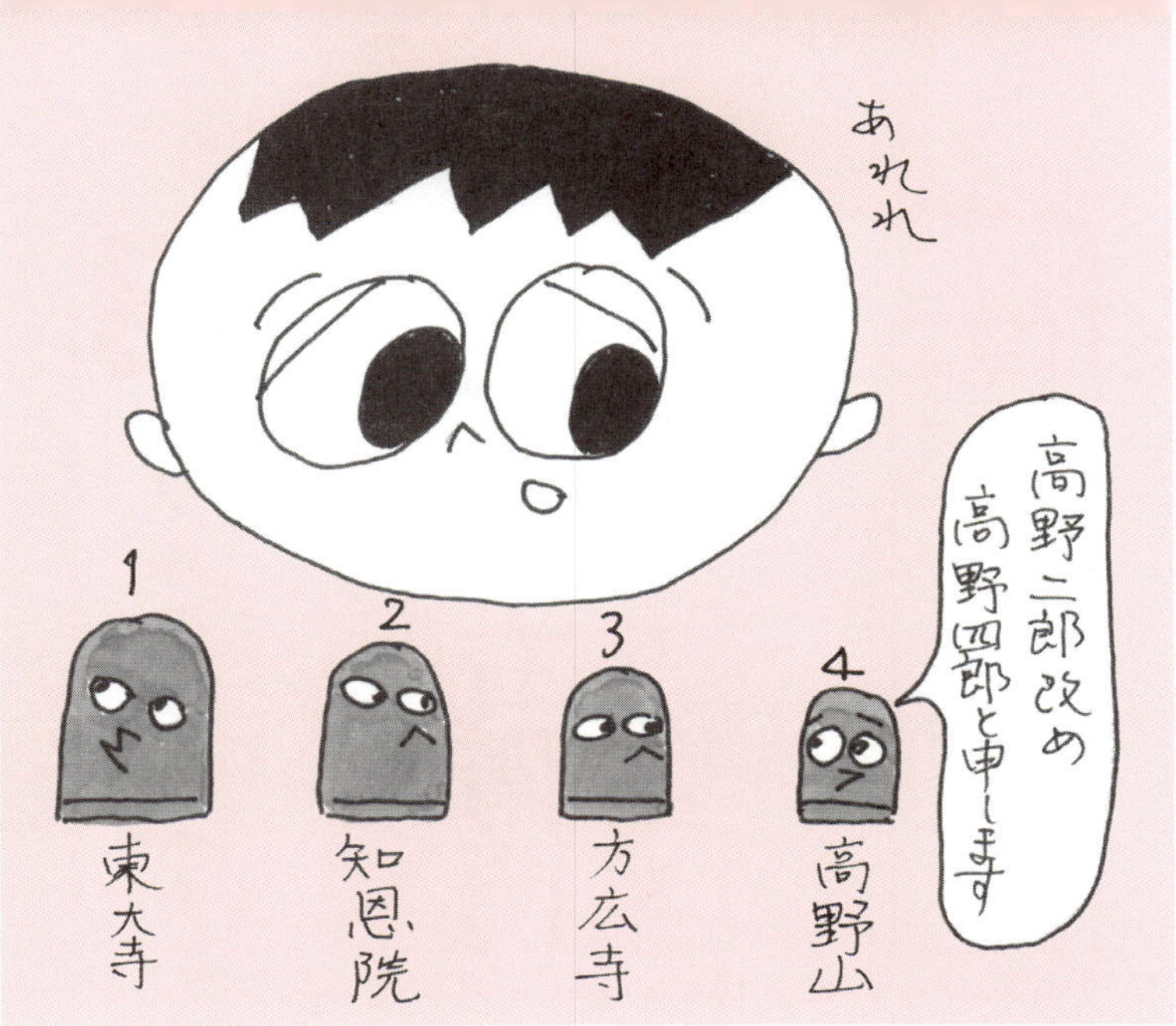

「高野山の伽藍大塔前の七尺の梵鐘」を「高野の二郎」、「吉野廃世尊寺の四尺鐘」を「吉野三郎」と伝承されて来たという説が紹介されています。

余談

方広寺の鐘といえば、豊臣秀頼が再建した際に「国家安康」「君臣豊楽」と書かれたことが、家康の逆鱗に触れて大阪夏の陣にきっかけになったことで知られています。小説や大河ドラマなどでは家康の「いちゃもん」と描かれることもあります。現在も方広寺の境内にあり、無料で拝観できます。

← 次は 米屋利右衛門

こ

難易度…Ⓑ

米屋利右衛門（こめやりえもん）

ホームセンター「コメリ」の名前の由来。

「コメリ」は、1952年4月、新潟県三条市に米穀商「米利商店」として事業を開始しました。社名の由来は米屋の「米」と屋号利右衛門の「利」の字をとって「米利」と名付けられました。

この他にも、「あれ？この会社の名前ってどこから付けられたのかな」と思うことがあります。例えば、「イトーヨーカドー」。「伊藤さん」が始めたに違いないと、ここまでは想像がつきます。創業者で元名誉会長の伊藤雅俊の叔父である吉川敏雄が、東京市浅草区（現：東京都台東区浅草）に「羊華堂洋品店」を1920年（大正9年）に開業したことに遡り、吉川が羊年生まれであることと、当時銀座で繁盛していた「日華堂」の華の字から命名したそうです。

余談

「コメリ」を発音する際、創業地の新潟県では「コ」の字にアクセントを置くのが一般的だそうです。ところが、テレビCMでは「リ」にアクセントを置いていることから、新潟では違和感を覚える人もいるがいいます。コメリ本社は「各地域でいろいろな呼び方があってもいいのでは」とコメントしています。

← 次は 笹の才蔵

さ

難易度…Ⓐ

笹の才蔵（ささのさいぞう）

戦国の武将・可児吉長の異名。

今でもスポーツやゲームの世界では、「相手の首を取る」という表現をします。これは、実際に、戦国時代に敵を倒した際に、相手の首を切り取って槍や腰にぶら下げて持ち帰ったことが始まっています。

可児才蔵こと、可児吉長という型破りな戦国武将がいました。槍の名手で腕っぷしが強く、生涯に仕えた主君は6人とも7人ともいわれ、最終的に福島正則に召し抱えられました。関ヶ原の戦いでの出来事だそうです。福島隊は、家康が到着するまで勝手な行動を禁じられていましたが、才蔵は敵を討ち取ってしまいました。怒った正則は才蔵を謹慎処分にします。ところがおとなしく言うことを聞

く才蔵ではない。翌日からも再び、密かに戦いに出掛けました。首実験をすると、口に笹の葉をくわえた17の首が見つかったそうです。これを聞いた家康は驚嘆し、才蔵に「笹の才蔵」という通り名を与えました。

余談

新庄剛選手のことを思い出しました。ファンを大切にし、「魅せる」プレーヤーであることに徹していました。ゴールデングローブ賞の授賞式を欠席し、ベストスニーカー賞の授賞式に出席したというほど、己の生き方を貫き「カッコイイ」ことにこだわっていました。

← 次は 皿を割れ！

さ

難易度…Ⓒ

皿を割れ！（さらをわれ！）

皿を割ってもいいから思い切りチャレンジしなさいという教え。

2019年1月14日NHK「プロフェッショナル　仕事の流儀」で、熊本県職員くまモンが主役として取り上げられた時のことです。

「皿を割れ！」は、蒲島郁夫知事が様々な機会を通じ、県庁職員に伝えている言葉として紹介されました。

元々は、韓国長城郡の奇跡を成し遂げた、金興植郡守（長官）の言葉が語源。この意味は、「たくさん皿を洗う人は、たくさん皿を割る。つまり、失敗を恐れずに挑戦をすることが大切」ということです。つまり、たくさん皿を割った人は、それだけチャレンジしていることになります。

知事は言います。「くまモンはどんな困難

な状況にあるときでも、自分にできることを考え、実行してくれます。そして時に、私の想像を超える結果を生み出してくれる。熊本県の営業部長兼しあわせ部長として、常に『皿を割れ』の精神を体現してくれている存在なんです」と。

余談

とってもいい話なんですが、うかつにこれを素直に真似をしても、「よくぞたくさん割ったなぁ」と、褒めてくれるような社長や上司がいる会社でないと、たいへんなことになりますよね。

← 次は 三柄大名

さ

難易度…Ⓑ

三柄大名（さんがらだいみょう）

加賀前田家、薩摩島津家、仙台伊達家の三家のことをさす。

加賀藩といえば、前田利家が織田信長から能登一国を賜ったことから始まり、江戸時代には約１２０万石の領地を得るまでの藩になりました。

薩摩藩の島津家の祖は、鎌倉時代初期にまで遡ります。薩摩・大隅・日向3ヶ国の守護に任じられ、その後、群雄割拠の戦国時代を経て江戸時代まで続きました。

仙台藩は新田開発に積極的で、表向きの62万石よりも実質的により多くの石高を上げていました。

外様であるにもかかわらず、前田家は禄高が最も多いことから「高柄」、島津家は源頼朝の血をひく名家なので「家柄」、伊達家は

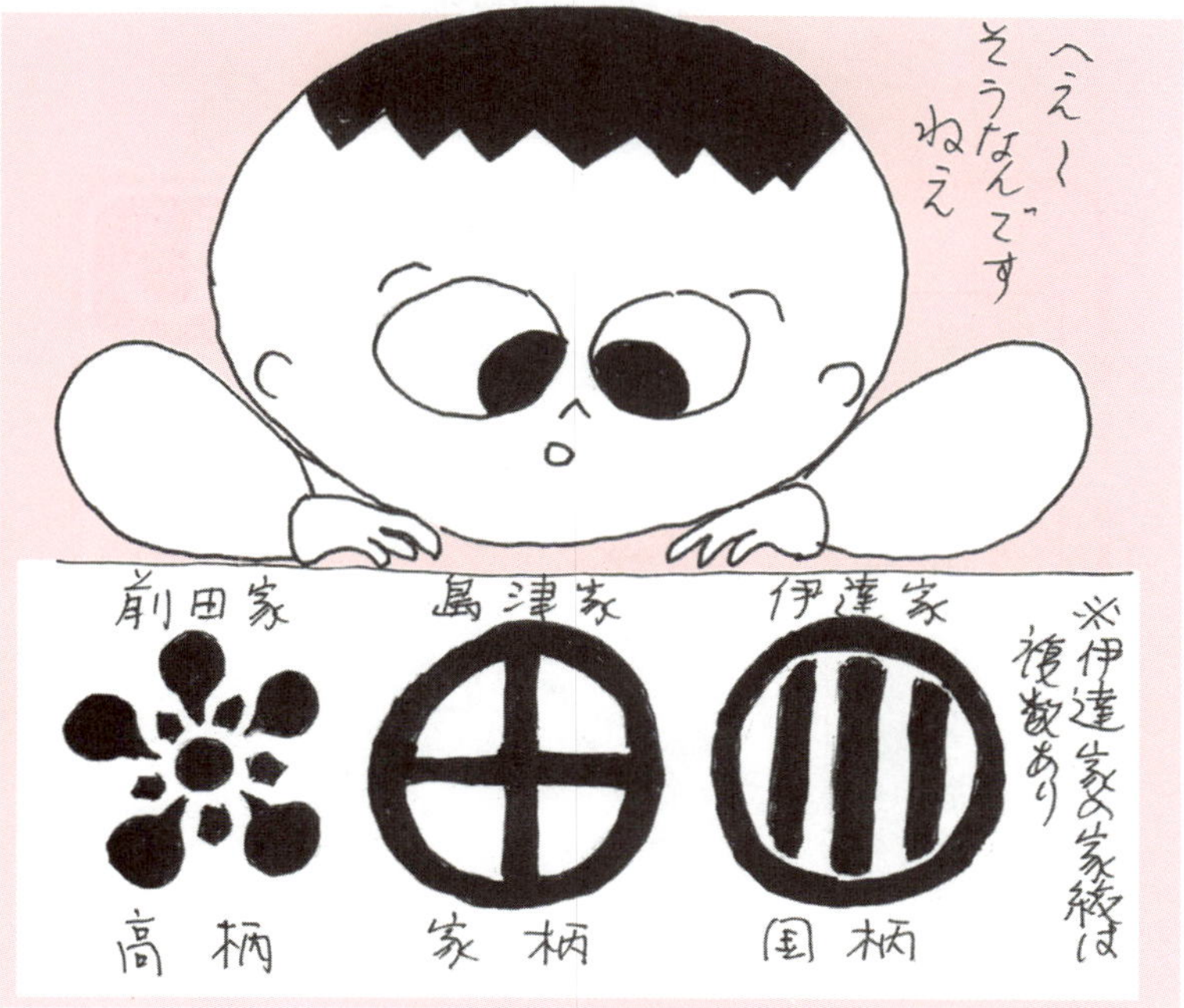

農作物が豊かで国が富むので「国柄」として
こう呼ばれました。

余談

クロスワード漢字パズルのマニアの間では、「〇〇大名」といえば「戦国大名」「外様大名」という答が定石です。ところが、中級クラスの難題では、この「三柄大名」という聞き慣れない変化球問題が登場するので、油断するとデッドボールを喰らいます。

← 次は 地獄組

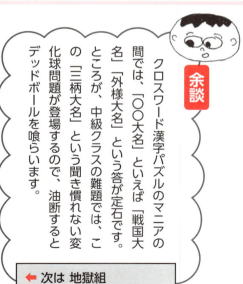

し

難易度…Ⓒ

地獄組（じごくぐみ）

もともと障子などの建具を作るのに使われていた伝統的な技術のこと。

木材片を一度組み上げたら容易に外すことのできない組み上げ技術なので「地獄」などと呼ばれています。

その代表的なものに「地獄枘（じごくほぞ）」と呼ばれる仕口があります。枘の先端に切り口を入れ、その先に楔《くさび》を据え付けた状態で、あらかじめ奥方の幅を広く彫った枘穴に差し込んでいくと、楔が枘に設けた切り口に入り込んで枘の先端部が広がり、一度打ち込んでしまうと抜けなくなります。

この組立は職人さんにとって緊張する作業で、差し込み方がずれたりしても引き戻すことは出来ず、失敗すれば再び部材の製作からやり直さなければならないそうです。

余談

現代でも、建築家・隈研吾のデザインしたサニーヒルズジャパン（東京都港区）や檮原図書館（高知県檮原町）に地獄組が使われています。

← 次は 磁石の木

し

難易度…Ⓑ

磁石の木（じしゃくのき）

方向を知ることが出来る植物のこと。

早春に開花するハクモクレンは、南からの暖かい日差しを受けて蕾の南側の成長が早くなることから、先端が一斉に北を指します。このように方向を知ることが出来る植物を方向指標植物（コンパスプラント）と呼びます。

このほか、コブシもネコヤナギも同様です。

古来、人々は山の中で道に迷った際、太陽や星などが出ていない雨や曇りの時には、このように植物を観察して方角を利用してきました。

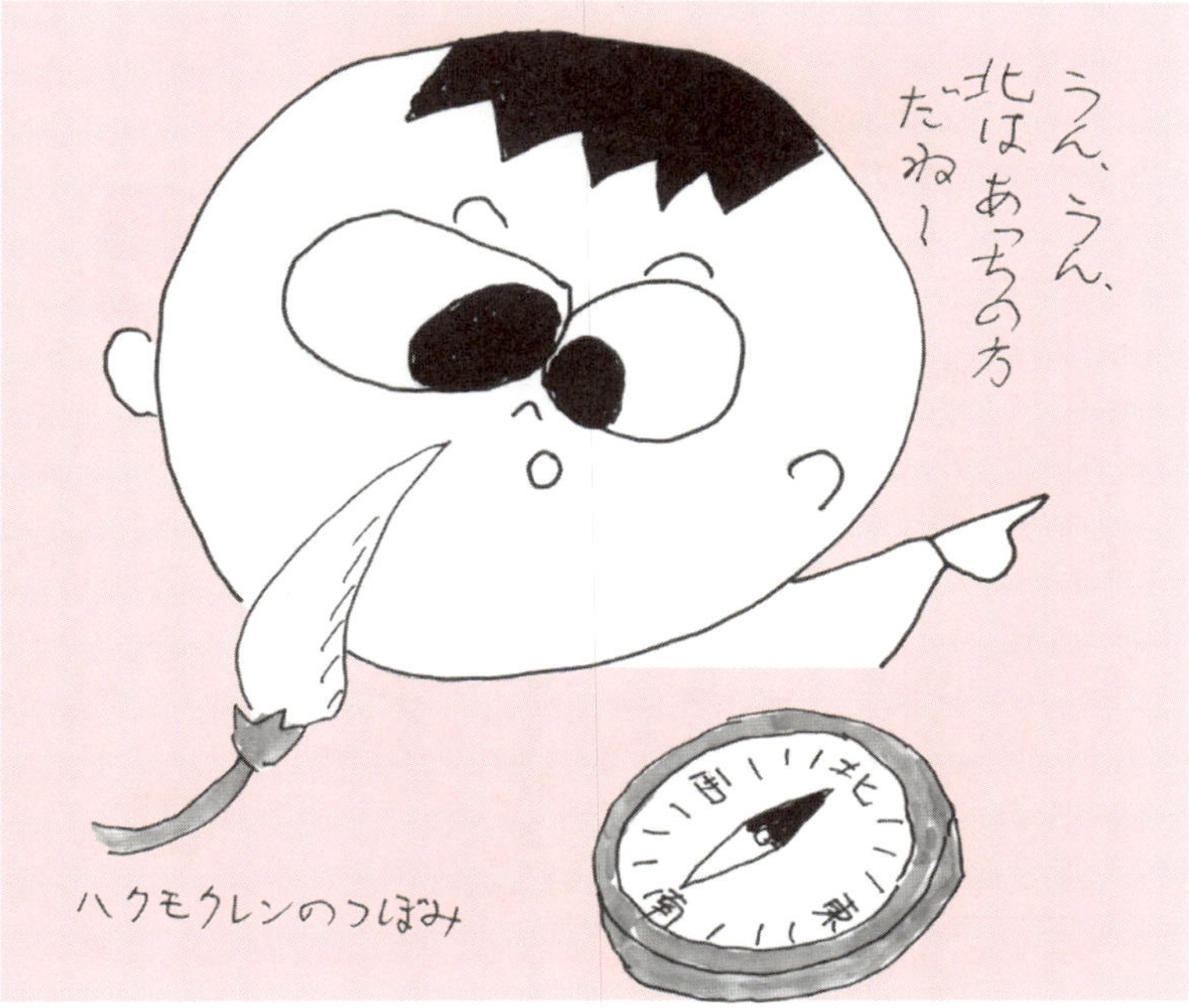

余談

お釈迦様の十大弟子の一人、木蓮（モクレン）は亡くなった母親が餓鬼道という世界で、骨と皮になって苦しんでいるのを知り、お釈迦様に相談しました。すると、「餓えて満たされない心を救わなければならない」教えられ、お坊さんに食べ物を差し上げて母親の幸せを念じてもらったそうです。それがお盆の始まりです。

← 次は 島原大変肥後迷惑

し

難易度…Ⓑ

島原大変肥後迷惑（しまばらたいへんひごめいわく）

雲仙岳の噴火により、対岸の肥後に津波の被害が及んだこと

1792（寛政4）年4月1日には雲仙岳の火山活動による地震で前山（天狗山）の頭部がくずれ、大量の崩土が島原海に入り、この衝撃によって巨大な津波が発生、対岸の肥後・天草（熊本県）へ襲いかかりました。さらに返し波が島原半島の沿岸18か町村へ再度来襲して、広域災害の様相を呈しました。津波による被害を含む死者約1万5千人は、未だに記録に残る最大の火山災害です。

対岸の肥後にも大きな被害が及んだことから「島原大変肥後迷惑」と呼ばれました。

島原外港に点在する九十九島《つくもじま》の奇観は、この時海に流れ込んだ土砂の跡です。

余談

「対岸の火事」ということわざがあります。自分には関係ない事と思うことの例えです。この反対のことわざが「他山の石」。自分とは関係のないところで起こった事も、お手本にして自分のために役立てることの例えです。

災害の教訓として、「島原大変肥後迷惑」は、未来にも残して行かなければならない言葉です。

← 次は 粥座

し

難易度…Ⓒ

粥座（しゅくざ）

禅寺の修行僧の朝ご飯のこと。

禅宗では、食事も大切な修業とされています。曹洞宗の開祖である道元禅師は、修行僧のために「赴粥飯法《かしゅくはんぽう》」という一冊の教えを残し、その一節で「仏法は食であり、食は仏法である」と説いています。

粥座という名前のとおり、禅寺の朝食はお粥《かゆ》と決まっています。それに、たくあんと、胡麻塩のみ。副菜は漬物と焼き塩だけ。ちなみに漬物は長持ちするように「大根菜」を大量の塩で漬け込んだ「万年漬」という漬物。「焼き塩」は塩を焙烙や鉄鍋などで炒ったものです。

こんなに質素な食事にもかかわらず、厳しい修行を何年も続けられるのは不思議です。

また高僧には長寿が多いことも知られています。現代人はよほどカロリー過多なのかもしれません。

余談

昼食は斎座（さいざ）、夕食は薬石（やくせき）と言います。仏教本来の戒律では昼の12時以降は食事をとらないことになっていて、そのため、食事ではなく薬として解釈し「薬石」と呼ぶようになったそうです。

← 次は 使用窃盗

し

難易度…Ⓑ

使用窃盗（しようせっとう）

他人の物を無断で一時使用すること

駅などの駐輪場から他人の自転車を盗めば刑法の「窃盗罪」が成立します。しかし、偶然にも施錠されていなかった自転車をみつけたので「あとで返す」というつもりで借りた場合は「使用窃盗」に該当します。

「窃盗」という用語が登場しますが、被害の大きさが少ないということで、刑法第235条に定められている窃盗罪は成立しないとされています。したがって、「使用窃盗」で処罰されることはありません。

ただし、①自動車の長時間の使用や、②機密書類をコピーする目的での持ち出し、③返還せずに乗り捨てる意思であった場合のように、処罰する必要性が高いものについては、窃盗罪の成立を認めています。

自転車、ちょっとだけ拝借して
すぐ元に戻したんだから、いいじゃんか

余談

窃盗罪か否かの境界線は、どこにあるのでしょうか。18時間車を乗り回した事案につき窃盗罪の成立を認めた判例があります（東京高等裁判所昭和33年3月4日）。一方、2〜3時間、無断で自転車を乗り回した事案で、窃盗罪の成立を否定した判例もあります（京都地裁判決昭和51年12月17日）。返還する意思があったか否かが、問題だそうです。

← 次は「白足袋族」とは絶対に喧嘩をするな

し

難易度…Ⓒ

「白足袋族」とは絶対に喧嘩をするな（しろたびぞく）

陰で力を持っている人たちに逆らってはいけない。

京都の人に「この前の戦争で被害に遭って」と言われ、てっきり第二次世界大戦のことだと思っていたら、「応仁の乱のことだ」と真面目な顔をして言うので、冗談かどうか戸惑ってしまいました。

さすが、１２００年の都です。

そんな京都の街には「白足袋に逆らうな」という言葉があります。「白足袋」とは、日頃、白足袋を履いているお公家さん、茶人、花街関係者、僧侶、室町の商人たちのこと。この人たちに逆らうとひどい目にあうという警句です。

余談

1985年に京都市では古都保存協力税という条例が施行されました。寺社の拝観の際に、50円をプラスして徴収するというものです。ところがこれに、「白足袋族」であるお坊さんが反発。拝観停止や、条例の施行差し止め等を市に求める裁判などの反対運動が行われ、わずか3年で古都保存協力税は廃止されました。

← 次は 新月伐採

し

難易度…Ⓑ

新月伐採（しんげつばっさい）

新月期の夜、木の伐採を行うこと。

新月伐採は、月齢伐採ともいわれ、9月〜2月の新月期（満月の翌日から新月の間まで）に伐採を行い、伐採後は葉枯らし乾燥するもので、この時期に伐った木は、腐りにくい・カビにくい・狂いにくいという特徴をもち、色つやと香りも良く、丈夫で良質な木材になると言われています。

新月伐採は、単なる木こりの言い伝えや迷信ではなく、科学的な根拠があります。寒い時期の、それも新月の日には、木は水分や栄養分を根元から吸い上げません。つまり、木の中には、水分やでんぷん質が希薄になるわけです。すると、その状態で切り出した木には、栄養分を求めてやってくるカビや害虫が

生きていけなくなります。カビが生えにくく、虫も付きにくい。ゆえに、防虫剤や防腐剤を使わなくても、腐りにくく長持ちする木になるわけです。

余談

言い伝えの範疇ですが、ヴァイオリンの名器「ストラディバリウス」や、世界最古の木造建築として知られている法隆寺も「新月伐採」の木を使って作られたと言われています。

← 次は 水辺鳥

す

難易度…Ⓒ

水辺鳥（すいへんちょう）

「酒」のこと。

「酒」という字は、「さんずい」偏と「酉(鳥)」からできています。そこから転じて、「水辺」の「鳥」と呼ばれました。なんと、優雅でおしゃれなことでしょう。

十二支の一つの「酉」は「鶏」のことですが、漢字の起源からするとまったく関係がありません。十二支の「子・丑・寅・卯・辰・巳・午・未・申・酉・戌・亥」は、暦や方角を表すもので、覚えやすくするために動物（ねずみ、うし、とら・・・）に置き換えて使われてきました。

「酉」の字は、目を凝らして見るまでもなく、「酒を入れる器」から来た象形文字です。「酒」はその他にも、「般若湯」「笹葉」「ささ」「百

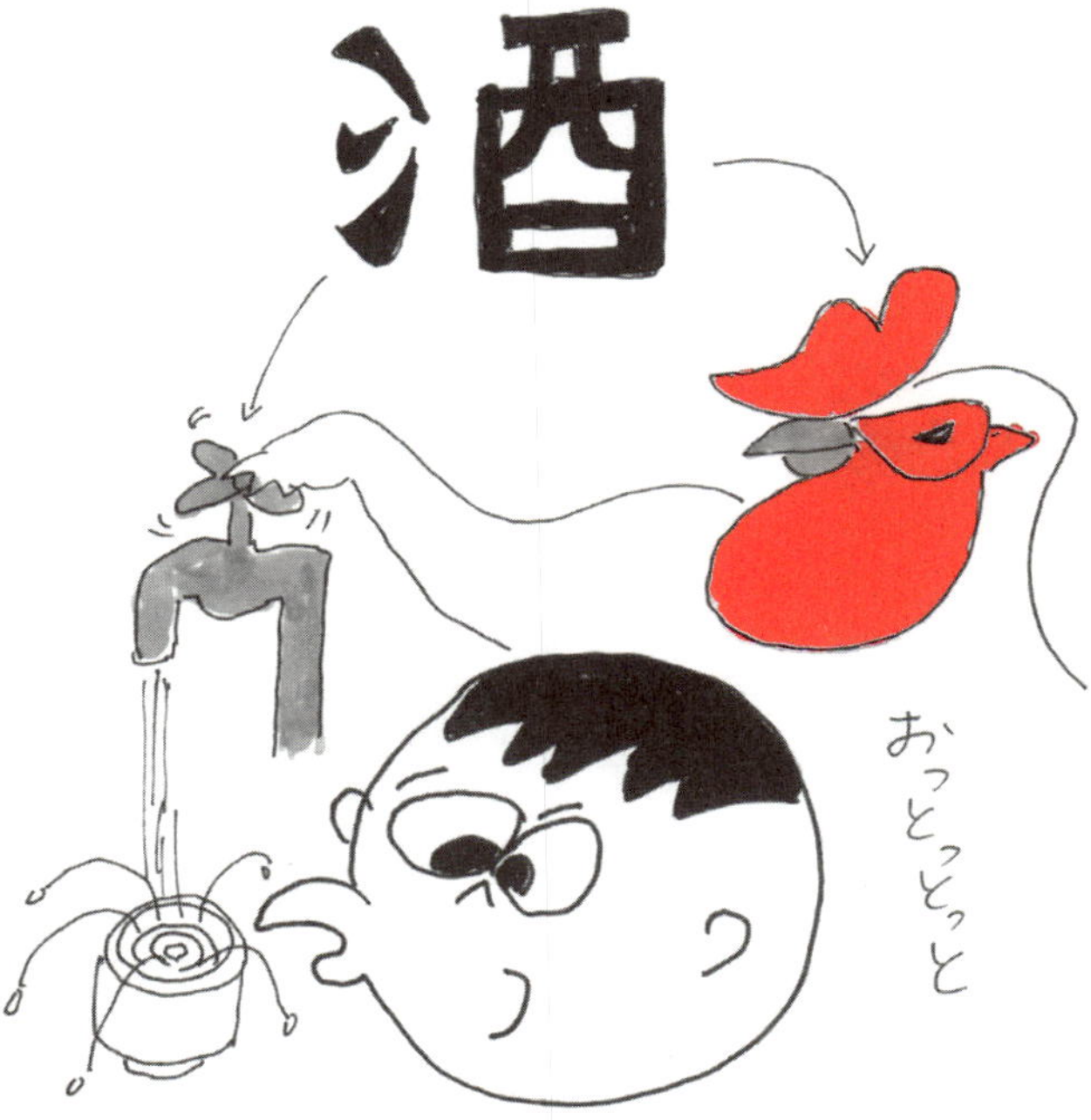

薬の長」「富水」「甘露」「瑞露」「聖賢」「天の美禄」「大垂水」「九献」「三遅」などの異名があります。

余談

その昔、僧侶はお酒を飲むことを戒められていましたが、薬として少しくらいならいいだろう」と「智恵のわきいずるお湯」と言われる「般若湯」だという言い訳にしたそうです。この「般若」とは仏教ですべての事物や道理を明らかに見抜く深い智慧のことです。

← 次は スジ屋

す

難易度…Ⓐ

スジ屋

鉄道各社でダイヤを決める人のこと。
（鉄道マニアには常識の言葉）

鉄道の運行計画を表に表した線図を「ダイヤグラム」と呼びます。多数の列車が同時に走る路線では、秒刻みで動かさないと流れが滞ります。このため、ダイヤグラムを作るのが、「スジ屋」と呼ばれる人たちです。ダイヤに引く斜線を鉄道用語で「スジ」ということから、その名がつきました。

スジ屋は、年に一度のダイヤ改正の時期の他、遅延が発生しやすい列車があるケースには一部修正を手掛けます。その際に、スジ屋自身が現場に出向き乗降客数や乗り換え時間などの原因をその眼で確かめたり、駅員や乗務員など現場の人たちとの対話を大事にし、提言を受け流さないように努めているそうです。

余談

「スジ屋」と呼ばれる職員の高度な知識やノウハウに頼ってきましたが、NECが2023年6月、復旧ダイヤを短時間で作成するシステムを開発したため、今後は、AI（人工知能）で作成するのが一般的になるかもしれません。

人間でなければできないことが、どんどん少なくなり、ちょっぴり未来が恐くなります。

← 次は
スズメバチの栄養交換

す

難易度…Ⓑ

スズメバチの栄養交換（えいようこうかん）

スズメバチが親子でエサを交換すること。

スズメバチの成虫は、捕獲した虫を団子状にして巣に持ち帰って幼虫に与えます。その代わりにスズメバチの成虫は、幼虫の口から分泌する栄養液をもらいます。「栄養交換」とは、このギブアンドテイクの関係のことを指します。

　他を圧倒する身体能力を持つアスリートとして昆虫界の頂点に君臨しているオオスズメバチですが、意外な弱点があります。スズメバチの成虫は腰がくびれていて、その中に糸のように細い食道が通っているため、蜜や樹液のような流動食しか食べられません。強力な大顎であらゆる虫を狩ることはできますが、自分ではその獲物を食べることができないのです。
そこで、栄養交換という方法を編み出したのでした。

余談

スズメバチの一番の弱点は、雨や低温です。スズメバチは、羽が水分を含むと重くなり飛べなくなってしまいます。寒さにも弱いため、雨や気温の低い日は日中でも巣の中でじっとしている個体が多くなります。

← 次は 清浄歓喜団

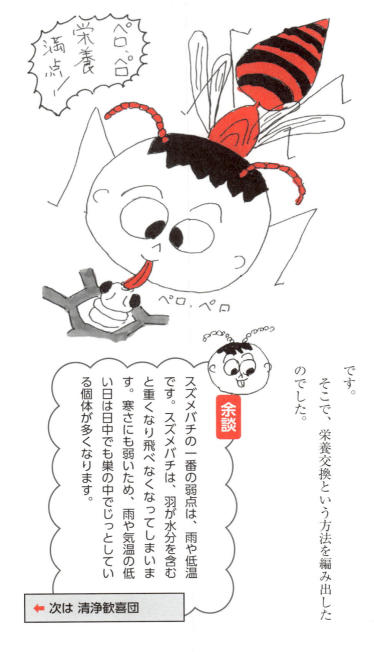

せ

難易度…Ⓒ

清浄歓喜団（せいじょうかんきだん）

合唱団でもなければ劇団でも、清掃ボランティアの名前でもなく、奈良時代に起源を持つお菓子の名前。

遠く奈良時代、遣唐使が仏教と共に日本へ持ち込んだ唐菓子は、「からくだもの」と呼ばれ製造方法も共に伝えられました。当時は、天台宗、真言宗などの密教のお供えものとして使われ、貴族のみに与えられた食べ物でした。現在も、その技法を受け継ぎ「からくだもの」の「清浄歓喜団」を日本で唯一製造販売しているのが、「京都菓子司　亀屋清永」さんです。「清め」の意味を持つ7種類のお香を練り込んだ「こし餡」を、米粉と小麦粉で作った生地で金袋型に包み、八葉の蓮華を表す八つの結びで閉じて、上質な胡麻油で揚げてあります。伝来当時は、栗、柿、あんず等の木の実を、かんぞう、あまづら等の薬草で味付

けしたらしく、小豆餡を用いるようになったのは徳川中期の後と伝えられています。

亀屋清永さんでは、その秘法を比叡山の阿闍梨より習い、月の一日、十五日を中心に調製しています。もちろん精進潔斎の上、調進することは昔も今も変わりません。

余談

包装に記された原材料名はこの通り。「小豆餡（国内製造）、砂糖、米粉（国内米）小麦粉、胡麻油、桂皮末、香料、（一部に小麦・ごまを含む）」。「香料」って何だろう？　お店の方に伺ってみると一言。「それは秘伝です」とのこと。いにしえの貴族も口にしていたかと思うと、なにやら神々しい思いのするお菓子です。

← 次は 鶺鴒の尾

せ

難易度…Ⓑ

鶺鴒の尾（せきれいのお）

剣先を固定せずに、セキレイの尾のように微妙に動かす北辰一刀流の極意のこと。

セキレイは、河川沿いや池、沼といった水辺を拠点とし、主に昆虫などを食べて生活しています。以前は、寒冷地に棲む鳥でしたが、現在は西日本の市街地でも多く見られます。

長い尾を上下に振りながら歩くのが、セキレイの特徴です。その姿から、別名を「石たたき」「庭たたき」などとも呼ばれています。

千葉周作が創始し、幕末の志士・坂本龍馬や清河八郎、新選組の藤堂平助、江戸城無血開城の立役者・山岡鉄舟も門人だった北辰一刀流では、相手と対峙して構えた時に剣先を常に動かすことで居着く（固まる）ことを防ぎ、打ち込む隙を与えない様にするのだと教えます。

この際の剣先の動きから「鶺鴒の尾」と呼ばれていました。

余談

北辰一刀流千葉道場主の千葉定吉の次女・千葉佐那は、坂本龍馬の婚約者でした。佐那も免許皆伝の腕前でした。ひょっとすると、龍馬と佐那は互いに「鶺鴒の尾」の構えで対峙したことがあるかもしれないと思うとロマンがつきません。

← 次は 縦読み漫画

た

難易度…Ⓐ

縦読み漫画（たてよみまんが）

ページをめくるのではなく、タテにスクロールして読む形式の漫画のこと。スマホで読むのには便利。

縦読みマンガは、ページの概念がないため、1つの絵をタテにどこまでも描き続けることができ、既存の漫画にはないダイナミックな表現が可能です。まさしく、スマートフォンの申し子とでもいうべきことでしょう。

伏線を回収したり推察したりする複雑な内容よりも、展開がある程度予想できるストーリーが好まれるそうです。また、衣装や背景がフルカラーで華やかに描かれているので、パッと見ただけで印象に残るものが多いのも、従来のマンガと異なる点です。

韓国が発祥で、「ｗｅｂ」と「cartoon（漫画）」を掛け合わせた造語の「Webtoon」とも呼ばれています。

私たち日本人は横に読む習慣があるので、縦に読む漫画には抵抗があるようです。また縦のスクロール用に書かれた漫画を単行本にするときに、大変な作業となってしまいます。

余談

タテの「四コマまんが」ではありませんので、念のため。
見開き2頁分で見せる日本のまんがのほうが、コマ割りに工夫ができ、表現な幅が広いとは、あるまんが編集者の話です。

← 次は 田山歴

た

田山暦（たやまれき）

難易度…Ⓑ

江戸時代、岩手県八幡平市安代地区で使われていた、絵と記号だけで表した暦のこと。岩手県の有形民俗文化財。

田山善八という人物が考案したといわれています。現存している数は少なく、最古のものは天明3年（1783）のものです。読み書きができない人でも理解できるようにと、絵と記号だけで暦日や歳事が表されていました。例えば、「節分」は鬼が両手で顔を覆っている絵、「入梅」は梅の絵というふうに描かれ、その下に日付が記されています。この田山暦は、飢饉の被害から多くの農民を救い、農作物の収穫量を上げるために考案されたと推測されています。明治時代に、太陽暦が採用されたことにより姿を消していきました。

初めは手書きでしたが、後に木活字となりました。もともと発行部数が少なく、暦とい

う性格上その年が過ぎれば廃棄されるものあることから、現存するものは極めて少なく、所在が確認されている田山暦の中では天明三年暦が最古です。

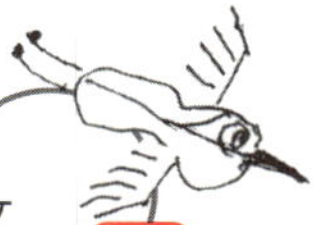

余談

文字が読めない人のために作られた「絵心経」というものがあります。般若心経を「絵」で表したものです。「摩訶般若波羅蜜多心経」の「摩訶（まか）」は「釜（かま）」を逆さにした絵。「般若」は能の「般若の面」、「波羅（はら）」は「腹」の絵が書かれています。

← 次は チューラパンタカ

ち

チューラパンタカ

難易度…Ⓒ

お釈迦様の弟子の一人で、掃除をし続けて、悟りを開いた人の名前。

昔々、お釈迦様に物覚えの悪い弟子チューラパンタカがいました。彼はお経が全く覚えられず他の弟子たちからはバカにされる存在でした。お寺の前で泣き崩れてシクシク泣いていると、お釈迦様が現れ「塵を払い、垢を除かん」と唱えながらお寺を掃除しなさいといいました。翌日からチューラパンタカはその教えを守ってひたすら掃除に励む日々を続けました。

三年たったある日、自分が掃除したところを子供が汚しました。「なぜ、汚すんだ!!」と、つい怒鳴りつけてしまった後、お釈迦様の言葉の真の意味に気づき反省しました。「毎日掃除しても塵や垢は全く無くならない。そ

うか！　これは心の塵、心の垢と同じなんだ！　だから毎日心を磨き続けなくてはならないんだ！」と。それからも心を磨き続けたチューラパンタカは、えらいえらいお坊さんとなりましたとさ。

余談

NHKテレビ総合「チコちゃんに叱られる！」（2024・1・13放送）で、「学校で教室の掃除をするのは何故？」という質問が出されました。その答が、「チューラパンタカみたいになってほしいから」でした。

← 次は チョークポイント

ち

チョークポイント

難易度…Ⓑ

スエズ運河やパナマ運河など、地政学上、戦略的に重要な海上水路のこと。

「絞めることで、相手を苦しめられるポイント」という英語「choke point」が語源。

もっとも、有名なのがパナマ運河とスエズ運河です。チョークポイントという「点」を一か所押さえるだけで、経済、軍事を最小限の費用で押さえることができます。

中東の石油依存度が高い日本にとっては、ホルムズ海峡、マラッカ海峡がとりわけ重要なチョークポイントになります。また、有事の懸念・緊張が高まる中、宗谷海峡（北海道と樺太）、津軽海峡（本州と北海道）、関門海峡（本州と九州）、対馬海峡（九州と朝鮮半島）、大隅海峡（九州と南西諸島）も重要視されています。

余談

日本の歴史を遡ると、瀬戸内海がチョークポイントになるでしょう。「瀬戸内の海を制するものは、天下を制する」と言われ、戦国時代、海賊に発祥を持つ村上水軍が力を持っていたことが有名です。

← 次は 辻占

つ

難易度…Ⓒ

辻占（つじうら）

石川県加賀地方北陸地方などで食べられている、「おみくじ」の入ったお正月のお菓子のこと。

日本版フォーチュンクッキーです。

年も押し迫ると石川県ではこんな「暮れの風物詩」がニュースになります。

「『辻占』作りが、石川県白山市鶴来本町の和菓子店『御菓子司むらもと』で最盛期を迎えている。菓子の中にはおみくじのような『占紙（せんし）』が包まれていて、菓子を割って占紙を開くと『ひとかわむけて大きくなる』『七転び八起き』などの文や言葉が書かれている。全１０８種あり、出てきた文や言葉で新年の運勢を占って楽しむ。生地はもち米や砂糖、でんぷんをこねて作る。桃、黄、緑の三色があり艶のある花びらを見立てている」

（２０２０／12／14中日新聞ｗｅｂ）

「むらもと」さんでは、ご夫婦でなんと！
毎年5万個も作るそうです。

余談

その昔、道が十字に交差している所のことを「辻」と呼んでいました。その四つ辻に立って、道を通る人の言葉を聞いて、物事の吉凶を占うことを「辻占」と呼んでいました。

後に、「待ち人来る」などの言葉を紙に刷りって小さな煎餅に包んだものを、夜分に花街で辻占売りが売り歩くようになったのが起源と言われています。

← 次は 栗花落

つ

難易度…Ⓒ

栗花落（つゆり）

栗の花が落ちる頃の意。・・・ですが、ここでは人の名字のこと。

難読名字、かつ、実在するもっともレアな日本の名字の一つです。

栗の花が落ちる時期が梅雨入りの季節であるため「つゆいり」から「つゆり」のように転訛して「栗花落」の字に充てられたと言われています。

読み方は、「つゆり」あるいは「ついり」。「栗花」という名字もありますが、これは基本的には「くりはな」と読まれます。

ちなみに栗の花は淡黄白色で、いくつもの細長い穂が垂れ下がるように咲きます。その匂いはとても良いと言い難く独特ですが、虫たちを引き寄せます。

余談

この名字を一気にメジャーにしたのは、マンガ「鬼滅の刃」に登場する「栗花落カナヲ（つゆりカナヲ）」というキャラクターです。「鬼滅の刃」は、読めない、書けないキャラクターの宝庫。竈門炭治郎、我妻善逸、産屋敷耀哉、胡蝶カナエ、煉獄杏寿郎、不死川実弥・・・。自然に日本語の勉強にもなってしまいます。

← 次は 掉尾の一振

と

掉尾の一振（とうびのいっしん）

難易度…Ⓐ

株式相場の格言。掉尾は最後に勢いが盛んになること、つまり年末は株価が上がるという意味。

捕まった魚が尾を盛んに振る様子が由来と言われています。統計的に12月は株価が上がりやすいことから、年末最後の売買日「大納会」に向けて株価上昇が期待できるという「期待感」を込めて用いられることが多いようです。

「掉尾（とうび）」は物事が最後になって勢い盛んになることを示し、物事の最後を立派にしめくくることを「掉尾を飾る」と言います。

米国ではほぼ同様の意味合いで、クリスマス明けの12月26日から1月3日にかけて株価が上昇しやすいということを背景に「サンタクロースラリー」と呼ばれています。

他にも株取引にはこんな格言があります。「見切り千両」「売り買いは三日待て」「眠ら

れぬ株は持つな」「売りにくい相場は安い、売りやすい相場は高い」「名人は相場の恐さを知る」「利食い急ぐな損急げ」「株価の里帰り」「新値にはだまってつけ」。

追書

「陰極まれば陽転す」は、相場は陰の極（底）と陽の極（天井）の間を行ったり来たり繰り返しているもので、相場が陰の極を迎えたということは買いのエネルギーがたまっている状態であるので、何か良い材料が出たりすれば上昇に向かうという意味です。悪い事が続いても、きっと明日は光がある。そんな励ましの言葉にも聞こえます。

← 次は「とちり」席

と

難易度…Ⓐ

「とちり」席

舞台に程よく近く、舞台全体も把握できる席で、一般的にいちばん見やすいと言われている席のこと。

かつての歌舞伎ファンは、「とちり」席での観劇を好んだそうです。「とちり」というと「しくじり」と勘違いする人も多い事でしょう。ここで言うところの「とちり」とは、舞台の前から7列目から9列目のことを指します。さらに花道寄りが人気です。席を一列目から、

「い、ろ、は、に、ほ、へ、と・・・」

と、「いろは」順で数えていた頃の名残りからきており、

7列＝と列　8列＝ち列　9列＝り列　ということです。

余談

現在では座席番号は、1階席10列27番などとなっています。当然その中でも舞台正面に近い15～26番席が人気。後援会・ご贔屓の方が多く、着物率高し！　の席です。花道の下手（外側）の席は、花道に立つ役者がほとんど背を向けるため「どぶ席」と呼ばれています。

← 次は 虎子石

と

虎子石（とらこいし）

難易度…Ⓒ

江戸の浮世絵師歌川芳員（うたがわよしかず）が描いた謎の動物。

東京原宿にある浮世絵専門の「太田記念美術館」が所蔵する歌川芳員の「東海道五十三次内　大磯」には不思議な「生き物」が描かれています。大きな石に虎の手足と尻尾、目や口と思われるものがついています。

この石は、「曽我物語」に出てくる遊女、大磯の虎が大事にしていたということに言い伝えがあるもので、大磯の延台寺には、今も「虎御石」が祀られています。

その「虎子石」に、芳員が想像力とユーモアで、「石」のからだに「虎」の足としっぽを付けて、動物のように描いた空想の世界の生き物です。

余談

株式会社フェリシモが展開する「フェリシモミュージアム部」が、「太田記念美術館」とコラボして、「虎子石」をモチーフにしたグッズを開発しました。「虎子石もっちりポーチ」、「虎子石おすわりクッション」です。

同じく想像上の生きものである龍や麒麟は神々しさを感じますが、虎子石にはほっこりと癒されます。

← 次は どんこ、こうこ、こうしん

と

難易度…Ⓑ

どんこ、こうこ、こうしん

「冬菇」「香菇」「香信」と書き、いずれも「椎茸」の種類。あくまでも品種ではなく見た目による呼び方のこと。

「どんこ（冬菇）」は比較的ポピュラーな椎茸なのでご存じの人も多いでしょう。傘の部分が開ききっておらず、巻き込みが強くて丸みを帯びたもののことです。その中でも、傘の部分に白い亀裂が入っているものを「花冬菇」と呼びます。栽培が難しく、高級品として料亭や進物など扱われています。

「こうしん（香信）」は傘が開ききった状態の平べったい形のものを呼びます。そして、「香菇（こうこ）」は、冬菇と香信の中間。よく見かける椎茸です。

椎茸は、傘部が開くと内側の襞から胞子を出します。その胞子が出てしまうと、美味しさが乏しくなるので、傘のしぼんだ状態であ

どんこ
こうこ
こうしん
どれも
おいしさそうたなあ

る「どんこ」が美味しいと言われています。

※肉厚のどんこは「こうしん」よりも割高ですが、中華料理の具材としては最適で、よく利用されます。

余談

「どんこ」は歯ごたえが良く、旨味も沢山含んでいるため、煮込みもの等に使うと味が引き立ちます。（株）丸晶では、全国品評会で入賞した「天白冬菇」と300g1万円で販売されています（2024年6月現在）。

← 次は ナレムコの法則

な

ナレムコの法則

難易度…Ⓑ

苦労して作成した書類も、1年で1％しか見なくなるという法則のこと。

アメリカの国際記録管理協議会（略称：ナレムコ）が1946年に「作成した書類が6ヶ月後に利用される割合は約10％、1年経過するとわずか1％になる」と統計を発表しました。この統計をナレムコの法則と呼んでいます。

これを理由に多くの企業では、一定期間経った古い書類は決められた保存年限に従って定期的に処分することで、不要な書類をデスクに溜め込まず整理整頓するように、社員に呼び掛けています。

これにより、仕事を効率化したり紛失物を少なくしたり、個人の持ち物を極力減らして職場で共有することで、経費の削減にもつながります。

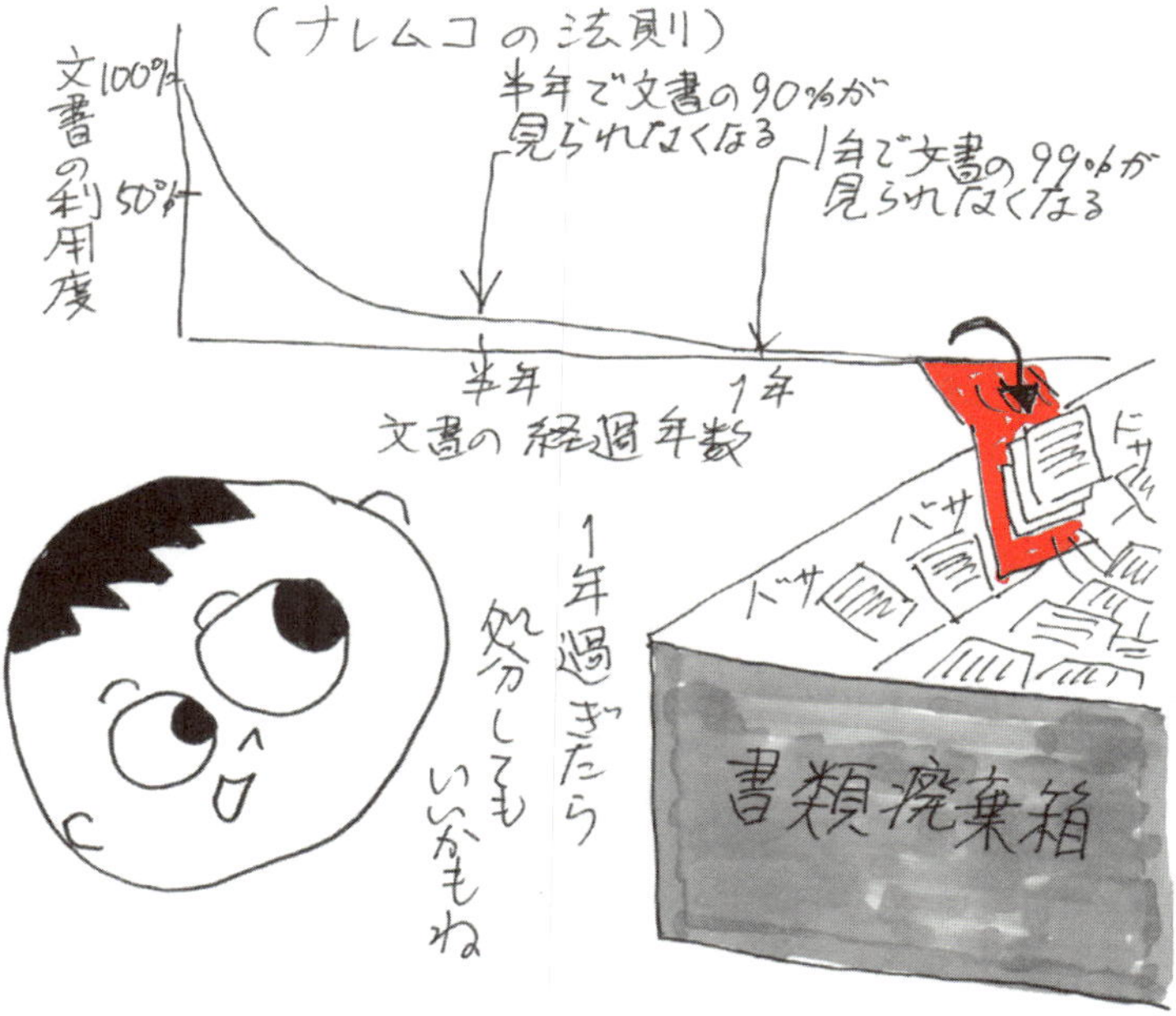

余談

何度も整理整頓、片付けを試みるのですが、すぐに元の通り書類と本の山になってしまいます。自己嫌悪に陥りつつできない言訳ばかり考えます。「1年後に利用される割合が1%だからといって書類や本を処分してしまい、もしも2年後に必要になったらどうするんだ」などと。だから、いつまで経っても、書斎は混沌としています。

← 次は
日本四大顔面記念日

に

難易度…Ⓑ

日本四大顔面記念日

3月3日の「耳の日」、8月7日の「鼻の日」、8月8日の「ヒゲの日」、10月10日の「目の愛護デー」の4つの日を合わせた呼び名

「耳の日」は、1956年に耳や聴力について多くの人の関心を集めること、そして難聴と言語障害をもつ人びとの悩みを少しでも解決することを目的として、日本耳鼻咽喉科頭頸部外科学会の提案により制定されたものです。ミミの語呂合わせや「3」が耳の形に似ていることから3月3日が選ばれました。

「鼻の日」は、1961年に社団法人日本耳鼻咽喉科学会が制定し、鼻の病気に関する知識や健康管理について啓蒙を行っています。こちらも、「8（は）7（な）」の語呂合わせ。

「ヒゲの日」は、シック・ジャパンがカミソリ倶楽部の協力のもと一般公募で、漢字の「八」が口髭の形に似ていることから1978年に

8月8日と制定されました。

10月10日の「目の愛護デー」は、1947年に中央盲人福祉協会により定められました。現在は厚生労働省が主催し、目の大切さを呼びかける各種イベントが行われています。

余談

記念日の認定と登録は、一般社団法人日本記念日協会（長野県佐久市）が担っています。登録料は1件15万円。約2700件が登録されています。「いいところに目をつけたなぁ」とつくづく思います。

← 次は 猫バンバン

ね

難易度…Ⓐ

猫バンバン

自動車のエンジンルームやタイヤの間に入り込んだ猫を逃がすためにボンネットを叩いて、猫の安全や生命を守る取り組みのこと。

自動車整備士の知人から聞いた話です。猫がエンジンルームに入り込んで、エンジンを掛けた時に、目を背けたくなるような惨い事態が起きてしまうことがあるというのです。それは特に、寒い時期に暖を求めてやってくる仔猫に多いそうです。

２０１５年11月、日産自動車が「ちょっとした思いやりで救える命がある」とフェイスブックに掲載すると、ユーザーが気に入ったことを示す「イイネ！」が通常の投稿の約１千から１万に跳ねました。ツイッター（現・X）でも反響大きく、消費者から「事故を知らなかった。継続して呼びかけてほしい」という声がお客様相談室に殺到し、２カ月後に

正式に「#猫バンバンプロジェクト」は始まりました。

余談

あまり大きな音だと、びっくりして余計に出てこなくなってしまう可能性もあるそうです。ボンネットやフェンダーを優しく叩くことがポイント。ドアを開け閉めする、車体を軽く揺らす、エンジンをかける前にワイパーを動かす、クラクションを軽く鳴らすといったことも、効果的です。

← 次は 白銀比

は

難易度…Ⓒ

白銀比（はくぎんひ）

デザインの世界で美しいとされている「比率」の一つ。1対$\sqrt{2}$（1.414…）

人間が最も美しいと感じる「比率」の代表が「黄金比」です。$1:1+\sqrt{5}/2$（1：1.618…）で計算されます。トランプやクレジットカード、名刺で使われています。

「白銀比」は、黄金比に次いでバランスが良いことから、名付けられました。コピー用紙のA4、B5サイズがこれにあたります。

伝統的に日本人が好む比率で、大工道具の「指矩（さしがね）」の裏面には「裏目」と呼ばれる白銀比の目盛りが刻まれているものもあります。

白銀比を日本に定着させたのは、あの聖徳太子だという説があります。実際に、太子が建立した法隆寺の五重の塔や伽藍配置には、

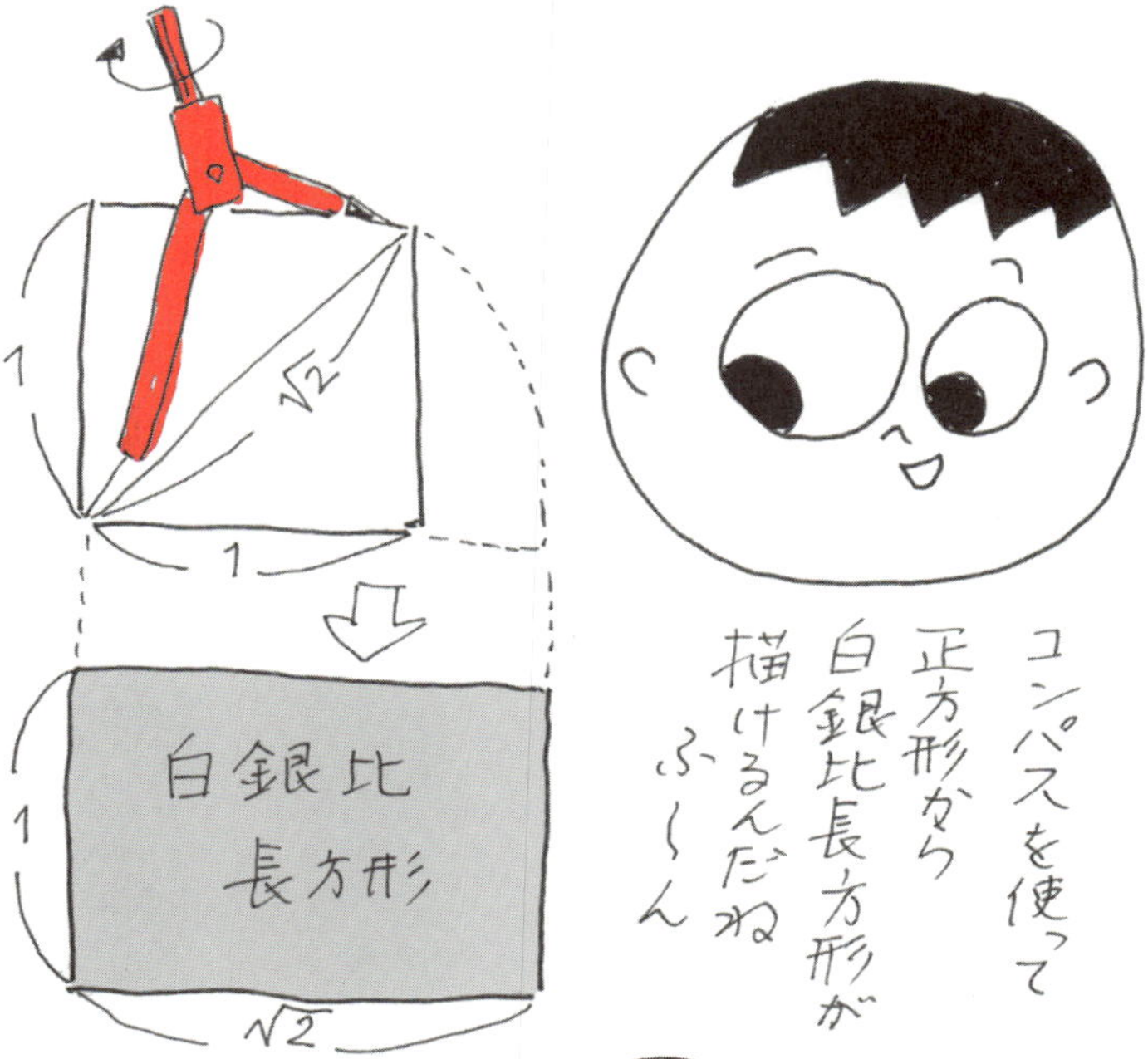

1

1

コンパスを使って正方形から白銀比長方形が描けるんだね
ふ〜ん

白銀比が随所に盛り込まれており、目盛りに$\sqrt{2}$が登場する曲尺《かねじゃく》が使われ始めたのも同じ時代です。

余談

日本の人気アニメキャラクターで、ドラえもん、アンパンマン、キティちゃん、となりのトトロ、ちびまる子ちゃんなどは縦と横の比がほぼ白銀比になっているそうです。

← 次は 曝書

長方形
1

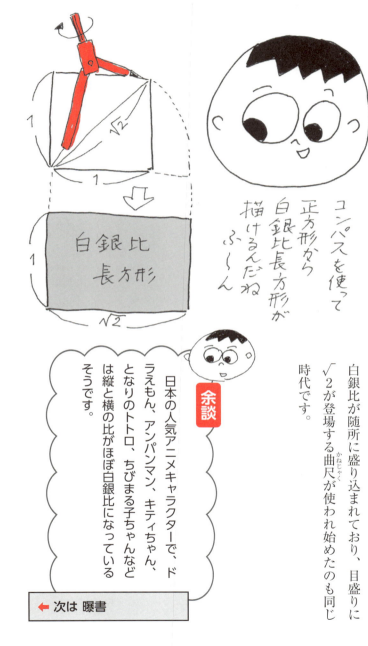

は

難易度…Ⓐ

曝書（ばくしょ）

書物の虫干し。

寺の書庫や図書館などでは、虫に食われたり黴たりするのを防ぐため、蔵書を陰干しにして風を通しを良くします。「曝《さら》す」とは、日にあてて乾かすことです。「曝し」とは、麻や木綿などの布を洗って日の光に当てて白くすること。

よって「白い布」を「さらし」と呼びます。「さらし首」というう罪人をしばり世間の目にさらした刑罰があります。また料理で「あくぬき」をすることも、「さらす」と言います。

書物だけでなく、画や衣類、道具などさまざまな物を「さらす」ことを「曝涼《ばくりょう》」と言い、現在も毎年秋に、奈良の正倉院、京都の大徳寺などで行われています。正倉院曝涼は、さ

すがに公開されていませんが、大徳寺では「大徳寺曝涼展」が開催され、誰でも「寺宝」約１００点を見ることができます。

余談

なんと！「大徳寺曝涼展」では美術館のようにガラス越しではなく、寺内の各部屋の襖や壁の手を伸ばすと届くところに、国宝や重文が所狭しと掲げられます。誰か悪戯しないかと、心配になってしまいます。

← 次は 花笑み

は

難易度…Ⓑ

花笑み（はなえみ）

花が咲くこと。転じて、人が微笑んでいる様子を咲いた花にたとえた「やまとことば」。

「やまとことば」とは、中国から漢語が入っている前から使われていた日本古来の言葉で、「和語」ともいいます。

やわらかく温かみがあり、それは多くの「花」にまつわる言葉として今も日常で使われています。「花笑み」の他にも、例えば・・・。

「もりばな（盛り花）」 生け花で、丈が低い花器に花を盛るように生ける方法のこと。

「ゆきのはな（雪の花）」 ひらひらと降る雪を、舞い散る花びらに例えた表現。

「はないかだ（花筏）」 水面に散った桜が浮かんで流れていく様子。

「はなのあめ（花の雨）」 春の桜が咲く時期

に降る雨。

「はなあかり（花明かり）」 暗闇の中で淡く光って見える花の様子。

余談

「花心」という言葉に惹かれます。花はすぐに散ってしまうように、人の心も儚く移りやすいという意味。そこから、浮気ごころを表すこともあるようです。

いにしえの人々は、人の心を美しい花に例えるのが上手かったのですね。

← 次は ハヤブサはインコの仲間

は

ハヤブサはインコの仲間

難易度…Ⓐ

…ということが判明したそうです。びっくり！

近年、急速に導入されているゲノム解析による研究で、鳥類のＤＮＡ分析も著しく進み、膨大なデータを安価で手に入れられるようになったそうです。基本的にＤＮＡが近ければ外見や生態も似ますが、環境に応じて大型化したり、部位が独特の変化をしたりするといいます。

そこで、ハヤブサがタカの仲間ではなくインコに近い生物であることがわかりました。日本鳥学会は、外見などからタカやコンドルに近いとしていた猛禽類のハヤブサを「インコ、スズメの仲間」と変更しました。

その他、特別天然記念物のトキも、コウノトリ目からペリカン目に、トキと同じくコウ

ノトリ目とされていたフラミンゴは小型の水鳥カイツブリと、乾いた土地にすむミフウズラは海鳥のカモメと、それぞれ近い遺伝情報を持つことも分ったのです。

余談

エンジン故障などの度重なるピンチを乗り越え、2010年に小惑星「イトカワ」から帰還したのは、探査機「はやぶさ」です。ハヤブサの俊敏な勇姿にちなんで名付けられたのに、まさかインコに近かったとは・・・。
　宇宙航空研究開発機構は、「鳥には詳しくないのでコメントできない」と困惑しているそうです。

← 次は ばらっぱもち

は

難易度…Ⓑ

ばらっぱもち

茨城県で、お盆に食べる白い餅。サルトリイバラの葉ではさんである。

愛媛県立宇和島東高等学校では、端午の節句に食べる「柏餅」の葉が、地方によって異なるらしいと耳にした生徒たちが、文献や菓子製造会社（株式会社あわしま堂、株式会社富田屋）に取材を重ねるなどして、「柏餅に使用されている葉は地域ごとに異なる」という論文を発表しています。

それによると、おおよそ、関東地方ではブナ科の「カシワ」の葉を、西日本では「サルトリイバラ」の葉が使われています。その他、ホオノキやニッケイなど様々な葉も使われます。

また、地方によって呼び名も様々。秋田県では「かやまきだんご」、高知県では「しば

サルトリイバラ
おいしさそう！
さっそくいただくことにします！

もち」、千葉県では「ばらっぱまんじゅう」と呼ばれています。茨城県の「ばらっぱ餅」も、その一つです。

余談

柏の葉は、香り付けや持ちやすさ、飾り以外に、実用的な効果があります。「オイゲノール」という殺菌作用のある成分が含まれていて、菌の繁殖による傷みを防ぐために利用されてきました。まさしく、天然のラップですね。

← 次は 反射出血

は

難易度…Ⓒ

反射出血（はんしゃしゅっけつ）

テントウムシ類が、危険を感じると脚の関節部分から出す黄色い粘液のこと。

小さな生き物は、大きな生き物から身を守るため、さまざまな生き残り戦略を立てています。フグの仲間のハリセンボンは、体の表面に鋭く長いトゲを持っていて、敵から食べられないようにしています。また野鳥は秋になると、赤い実を求めて樹々を飛び回りますが、ピラカンサの実は少ししか食べません。青酸系の毒を含んでいるからです。

　テントウムシが黄色い粘液を出すのも同じです。この粘液は、血液そのもので独特の匂いがあり、鳥などの天敵に嫌がられ食べられないための生存戦略です。「わあ〜かわいい」と、捕まえようとして触ると、なかなか匂いが取れないのでご注意を。

余談

自分の部下だからといってパワハラ、セクハラをしたり、「お客様は神様だ」などと勘違いしてカスハラをしていると、痛い目に遭います。相手が弱い立場だと調子に乗っていると、訴えられることもあるのです。人もテントウムシに学ばなければいけません。ただし問題は、人を傷つけていると認識していないケースが多いことでしょう。

← 次は 半農半X

は

難易度…Ⓒ

半農半X（はんのうはんエックス）

持続可能な農ある小さな暮らしをベースに、やりたいこと、大好きなことをして世の中に貢献する生き方のこと。

ここでいう「X」とは、誰もが必ず持っている「天賦の才」のことで、塩見直紀さんが提唱する生き方です。

塩見さんは京都府綾部市の兼業農家の出身。大学卒業後に、通信販売会社に勤務するも１９９０年代半ばに生き方や働き方に悩みました。

そんな中、翻訳家・星川淳さんの「半農半著」と言う言葉にヒントを得て、自らを救う言葉として「半農半X」なる生き方を生み出しました。

１９９９年にUターンして農業をしつつ「半農半X研究所」を設立し、２００６年、「半農半Xデザインスクール@綾部」を開校。過

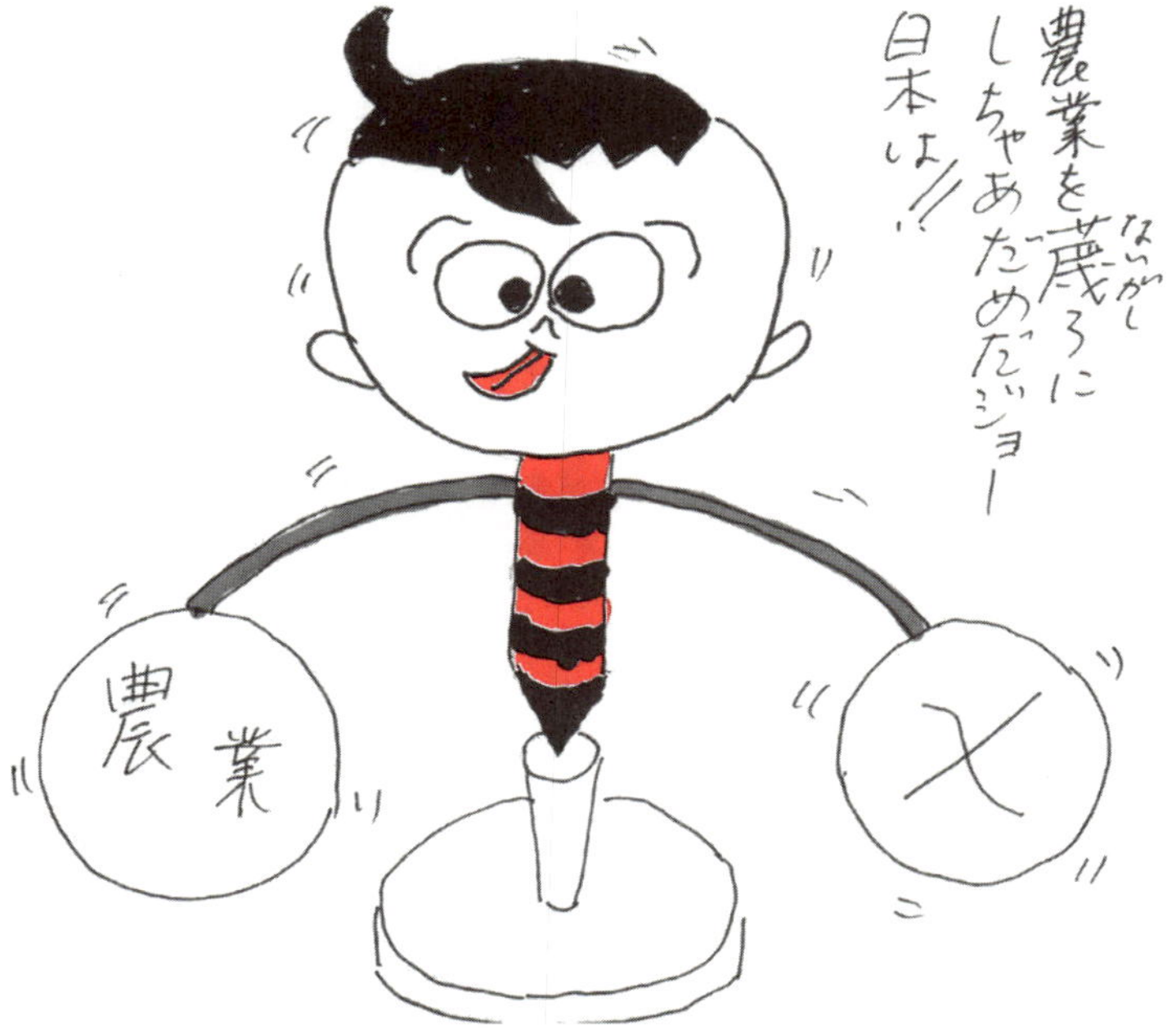

去、田舎暮らしツアー、農家民泊、綾部里山交流大学などを企画してきました。

余談

行政も後押しし、島根県は移住政策として「半農半X支援事業」を進めており、福岡県でも支援事業を始めています。また、国が2020年3月に公表した「食料・農業・農村基本計画」でも、半農半Xの実践者を農業政策のなかに位置づけています。

← 次は 贔屓

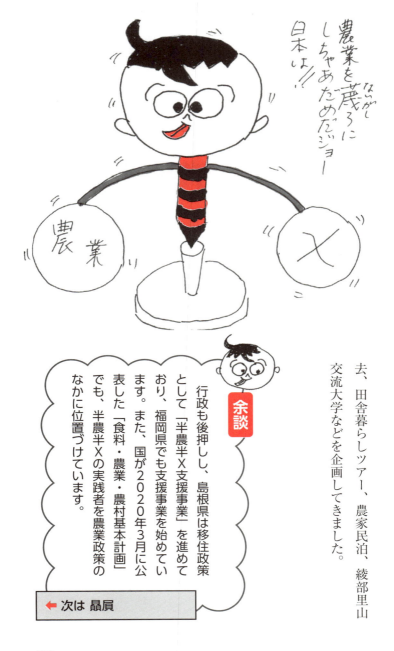

ひ

難易度…Ⓒ

贔屓（ひいき）

中国の伝説上の生き物。

「贔屓」は、自分の気に入った者を特別扱いして、力添えしたり優遇したりすること。角界（相撲）や梨園（歌舞伎界）などで使われて来ました。誰もが「あの先生、えこひいきする」と学生時代に使ったことがあるではないでしょうか。

中国では、龍には9頭の子供がいて、「龍《りゅう》生九子《せいきゅうし》」と呼ばれていました。そのうちの1頭が贔屓です。その姿形は亀に似ていて、重い物を背負う力自慢でした。そのため、石柱や石碑の土台を支える装飾として用いられて来ました。

「支えてその物に力を貸す」という意味から転じて、「贔屓する」という使い方をするよ

うになりました。

余談

漢字の成り立ちから調べると、「贔」は、重い荷を背負うことを意味、「屓」は鼻息を荒くすること。つまり「贔屓」は、重い荷物を背負って鼻息が荒く力むことから、「気に入った人を惹きたてる」という意味になったそうです。

← 次は 光付け

ひ

難易度…Ⓑ

光付け（ひかりつけ）

建築で部材同士を密接に合わせる手法。

ここで言う「光《ひか》る」とは、お日様がピカピカ光るということではありません。建築用語で、取り付ける場所に合わせて、部材を加工して合わせることを意味します。

例えば、神社やお寺など日本の伝統的建造物を建てる際、地面に置いた礎石の上に柱を立てます。ところが、石の表面はデコボコしており、そのままでは柱がぐらついてしまう。そこで、柱の方をそのデコボコとぴったり接合するように加工します。その宮大工が培ってきた技術のことを「光付け」といいます。

簡単に言うと、いびつな形の二つのものをピッタリ合わせくっつける作業のことです。

余談

建築現場では親方が、「それ、ひかっとけ」と言うように日常的に使うそうです。

「光る」とテカテカ、ピカピカ輝きます。つまり、ざらついた表面を磨いて、光が当たった時に反射して輝くようにするというイメージから、この言葉が生まれたのかもしれません（あくまで推測）。

← 次は 悲劇の世代

ひ

難易度…Ⓐ

悲劇の世代（ひげきのせだい）

1992年（平成4年）生まれの人たち。

「悲劇の世代」と呼ばれる人たちの人生を、時系列に、時代の出来事を書き連ねてみます。

0歳（1992年）の時、バブル崩壊

5歳（1997年）の時、消費税3％から5％へアップ

6歳（1998年）の時、「ゆとり教育」開始

17歳（2009年）の時、新型インフルエンザが大流行して修学旅行が中止に

18歳（2010年）の時、誤りだったと「ゆとり教育」終了（ひどい話ですね）

史上最悪の就職率

18歳（2011年3月11日）、東日本大震災。

卒業入学式中止

当人たちには、なんの罪もない社会現象や災いが、この世代の節目に起きました。

余談

ゴルフ界では松山英樹、プロ野球界では山田哲人、芸能界では本田翼、白石麻衣、剛力彩芽、指原莉乃、と活躍している人も大勢います。たしかに、生まれた年によって不利なことはあることは事実ですが、あまり十把ひとからげにして決めつけるのもいかがなものかと思います。

← 次は ひみつ屋

ひ

難易度…Ⓒ

ひみつ屋

現代アート作家の木村りべかさんが仕掛けた創作活動。

木村さんは、「あなたの秘密固めます。お気軽にお声がけください」と、自作の屋台「ひみつ屋」を引いて東京の街角に出没します。道行く人に秘密を書き込んでもらい、それをセメントでそれを封じ込めオブジェにします。

それぞれのオブジェには、秘密を書いた人に値段を付けてもらいます。多くは500円から5000円、最高価格は5000兆円だそうです。屋台を引いて、他人の「ひみつ」が知りたい人を探し歩きます。

購入した人はハンマーなどでオブジェを壊し、見知らぬ人の秘密をこっそりと確かめることができます。

余談

木村さんは以前、誰にも言えないような秘密ができてしまい、ストレスを抱えていたそうです。それを全く知らない人に打ち明けたら、気持ちが楽になった。そこで、モヤモヤする嫌なものを「作品」として昇華できないかと考えたのがきっかけだといいます。

← 次は 漂流郵便局

ひ

漂流郵便局（ひょうりゅうゆうびんきょく）

難易度…Ⓑ

香川県三豊市詫間町の粟島にある旧粟島郵便局舎を利用した、宛て先不明の手紙が集まる「郵便局」のこと。

手がけたのは現代美術作家の久保田沙耶さん。第2回目の瀬戸内国際芸術祭の作品として誕生し、全国から寄せられた「誰かに届けたい想い」を綴ったハガキが展示されています。制作協力者で、実際に粟島郵便局長を17年間務めた愛着から旧局舎を所有していた中田勝久さんが「局長」、久保田さんが「局員」という設定で開局しました。

　芸術祭終了後に撤去されるはずでしたが、「届かぬ思いを書いて出す、それが心の癒やしになる」と感じた中田さんが「長く続ければ必要な場所として広く認知されるはず」と自身で管理運営し一般公開を続けてきました。

（注意）あくまでも本物の郵便局ではありま

せん。

★三豊市ホームページより
開局日時：毎週土曜日13：00～16：00
協力金：300円
※都合により臨時休業する場合もあります。

追書

亡くなった家族や未来の自分に向けたものなど受取人不在の手紙が届きます。そこには存命中に伝えられなかった思いや社会に対する不満や焦りなど、心の叫びが綴られています。さらに、それらの手紙を見るために全国から大勢の人たちが訪れます。

← 次は ペッカム型擬態

へ

難易度…Ⓒ

ペッカム型擬態（ぎたい）

捕食者、寄生者、捕食寄生者などが無害な対象に自らの姿を似せ、獲物や宿主に自らの正体を見破られないようにする擬態のこと。

擬態とは本来、「被食者が自分の身を守るため」に自然や生物に溶け込み、成りきるというものです。例えば、「ナナフシ」という昆虫は、木の枝にそっくりな体型をしており、敵から身を守っています。また、「ムラサキシャチホコ」という蛾の一種は、茶色の丸まった枯れ葉に似ていて、落ち葉の中に埋もれて身を隠します。

身を守るだけでなく、捕食者が被食者（エサ）を捕まえるために、自らの姿を周りの景色や物体に紛れ込ませるように擬態する生き物もいます。例えば、東南アジアに生息するメスのハナカマキリはランにそっくりで、花びらのような脚と鮮やかな色をした体を持ち、

近寄ってきた昆虫を食べます。

その擬態を発見した学者、ジョージ・ウィリアム・ペッカムとエリザベス・マリア・ギフォード・ペッカムのペッカム夫妻に因んで「ペッカム型擬態」と名付けられました。

余談

人間も擬態します。例えば、軍隊の迷彩服。密林、森林、砂漠など場所によってどう身を隠すか、国によってデザインが異なります。また、忍者の術に「ウズラ隠れ」というものがあります。ウズラのように丸くなって、路傍の石になりきって敵の眼をごまかします。

← 次は ベル・アップ

へ

難易度…Ⓐ

ベル・アップ

管楽器で、「ベル」という朝顔の形をしたところをアップする奏法のこと。

演奏する際、楽器と上半身を用いて90度以上の角度を形づくることを指し、演奏会で強い音を出し、かつ視覚的にも演奏を盛り上げるために行われています。

主にトランペット、トロンボーン、ホルンなどの金管楽器に求められるものですが、オーケストラではクラリネットやオーボエも行うことがあります。

ジョン・ウィリアムズは、ホルンを好んで作曲に使ったことで知られています。ボストンフィルオーケストラを指揮する際、映画「E.T.」の「フライング・テーマ」ではホルン奏者がこのベル・アップを演奏する場面が見られます。

余談

コミック「響け！ユーフォニアム　北宇治高校吹奏楽部へようこそ」が、テレビアニメ化された際、エンディング主題歌として「ベルアップ！」という楽曲が収録されました。

← 次は 孫太郎虫

ま

難易度…Ⓑ

孫太郎虫（まごたろうむし）

ヘビトンボの幼虫のこと

黒焼きにして粉末にしたものが、疳の虫に効くとして、江戸時代から和方薬として売られて来ました。

孫太郎虫の正体はアミメカゲロウ目のヘビトンボの幼虫で、成虫がトンボのような翅を持ち、幼虫の頭が扁平でヘビの頭に似ていることがその名の由来です。この幼虫は九州以北の日本各地の河川の清流に棲み、ほかの水生昆虫や小動物を捕食し、成長すると体長が6センチ内外になります。梅村甚太郎著『昆虫本草』によれば、炒って食べれば駆虫剤としても効果があり、さらに肺病、胃腸薬、十二指腸虫の疾患にも効き目があると書かれています。

余談

その昔、宮城県刈田郡斉川村に住む桜戸という女房が、父の仇を討とうとしていました。その子、孫太郎が大病した折、鎮守社に祈願すると「斉川の小石の間の虫を食せしめよ」という神託があり、その虫を食べさせると治りました。その後、孫太郎は成人し、首尾よく仇討ちを遂げたそうです。孫太郎虫の謂れの一つです。

← 次は 魔の7歳

ま

難易度…Ⓐ

魔の7歳

七歳の子供に交通事故が多いという統計からの呼称。

7歳は小学1、2年生にあたり、通学や習い事などで行動範囲が一気に広がる年齢です。その一方で、まだ交通ルールが、身に付いていないこともあり、全国的に事故に遭うことが多く、「魔の7歳」とも言われています。

子供の視野が大人に比べて、7割しかないということも要因の一つとされています。イラストをご覧いただくと、子どもたちがいかに危険にさらされているかがわかります。

その数は小学6年生と比較すると約3・7倍にもなり、未就園児（幼児）よりも約2・2倍、未就学児（幼稚園・保育園児）よりも約1・2倍と多い数字です。

何より、大人が率先して守ることが必要です。

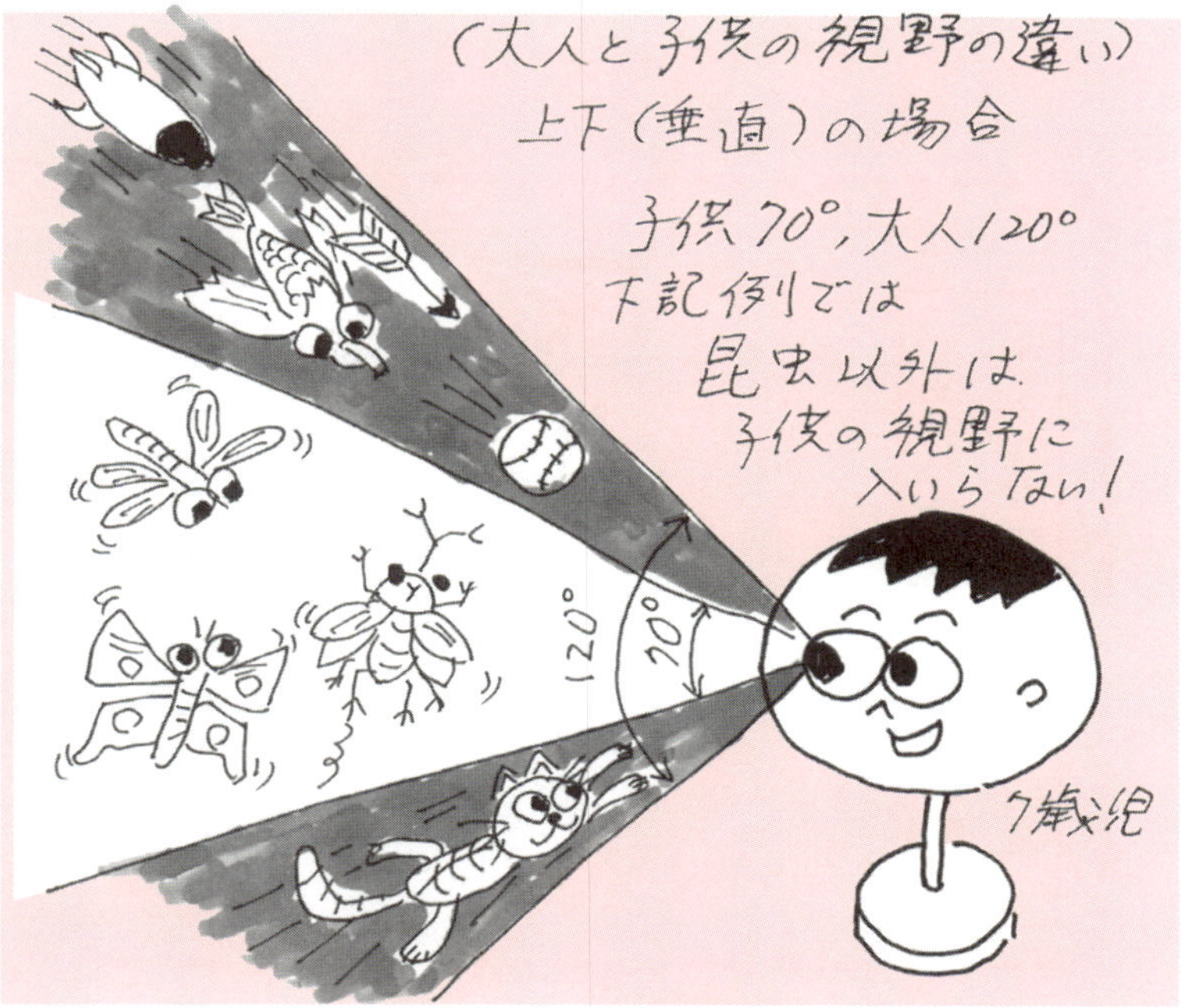

(大人と子供の視野の違い)
上下(垂直)の場合
子供70°,大人120°
下記例では
昆虫以外は
子供の視野に
入らない!
120°
70°
7歳児

余談

黄色信号でアクセルを踏んで突っ込んだり、電話をかけながら運転したり、はたまた「このくらいならいいや」という飲酒運転が後を絶ちません。そこが、一番の問題かも。子供はちゃんと、そんな大人たちを見ているのですから。

← 次は マルハラ

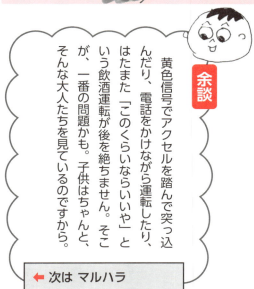

ま

難易度…Ⓐ

マルハラ

「マルハラスメント」の略。
「マル」は「句読点」のこと。

ＬＩＮＥなどＳＮＳで中高年から送信される「承知しました。」など文末に句点がつくことに対し、若者が恐怖心を抱いたり、威圧的に感じて「怒っているのではないか」と解釈してしまう傾向にあることを言います。

年長者は、文章を書く上で句読点を使うのは、きちんとして良いことだと疑ってもみません。ところが、若者たちはそれらに「追及されている」「批判されている」、あるいは「。」で区切られると「拒否」されているように思ってしまう。

若者たちにとってはＳＮ「会話の一形態」であるのに対して、年長者たちは「手紙や文

書」だと考えていることから、ズレが生じているようです。

余談

全部、わかりますか?パワハラ、セクハラ、ケアハラ、モラハラ、ジェンハラ、アルハラ、リスハラ、テクハラ、マタハラ、パタハラ、オワハラ、スメハラ・・・。
次はどんなハラスメントが話題になるでしょう。

← 次は 万病円

ま

難易度…Ⓑ

万病円（まんびょうえん）

万病に効くといわれた丸薬。徳川家康も愛飲していたことで知られる。

当時としては75歳と長寿を保った家康は、自ら調薬までする健康マニアでした。植物の葉・実・樹皮など各種の生薬を薬研ですりつぶして粉末にし、漢方薬を調合し服用していました。ある時、鷹狩りの際、夕食後に激しい腹痛を起こし体調を崩しましたが、万病円30粒・銀液丹10粒ほどを服用して、気分が良くなったという記録が残っています。

鯛の揚げ物を食べて腹痛を起こした時にも、持病の「寸白（すばく）」（条虫などによる病）だと自己診断し、「万病円」飲み続けました。これに侍医の片山宗哲が、「万病円は逆に身体を痛める可能性があり、服用を少しお控えなさっては」と進言したところ、家康から怒

りを買い、信濃高島（長野県諏訪市）に配流されてしまいます。

その後、家康はどんどん痩せていき、ついに元和2年4月（1616年6月）に75年の生涯を閉じることになりました。

余談

「食後の一睡万病円」ということわざがあります。食後の睡眠は健康のために良いという意味に使われるほど、「万病円」は有名な薬だったということを指しています。そして、どんな薬を飲むよりも、身体を休めることが一番ということですね。

← 次は 三ツ緒伐り

み

三ツ緒伐り（みつおぎり）

難易度…Ⓒ

木の幹に3方向から斧を入れ、3箇所に弦（つる）を残して伐倒する方法のこと。

三つ緒（紐）伐りは、日本古来の伝統的な伐採方法です。鼻緒伐りとも呼ばれ、根元に3方向から斧を入れ、3箇所に弦を残して伐倒します。三角形を思い浮かべてみてください。その二つの頂点を横弦、もう一つの頂点を追弦と呼びます。イラストのように、その三点を残して空洞になります。

木を倒すとき、最初に追弦を切ります。すると、木は自ずと横弦を結んだ側に倒れようとします。倒れようとしたまさしくその瞬間に、両横弦に斧を入れるのです。本当に短い時間のことなので、2、3回しか斧が入りません。

この方法は伐倒方向が確実に決まるため安

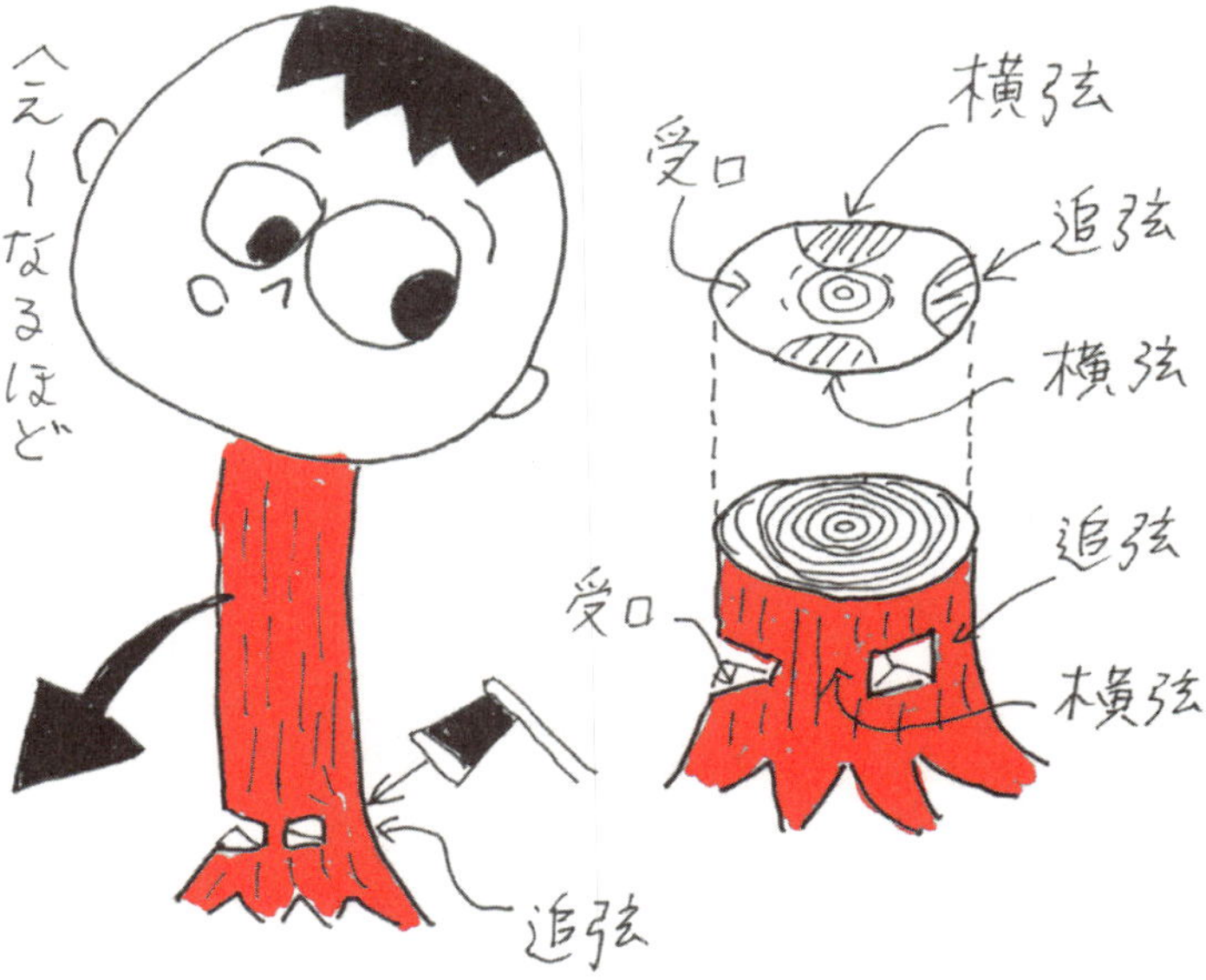

全で、立木が倒れるときに材への損傷が少ないことが特徴です。斧のみで立木を倒す方法で、熟練した斧を自由自在に操る技術が必要になります。

余談

横弦に斧が入る瞬間、山に「ギギィ〜」という音がこだまします。これを杣人（きこり）は「木が泣く」と呼ぶそうです。三弦を細く残すことが腕の見せ所。追弦は引っ張られる力、横弦は圧縮する力がかかるので、横弦の方がやや太めにする必要があるそうです。杣人は木が大きな声で泣かないように、大事に斧を入れるといいます。

← 次は 宮崎スタディ

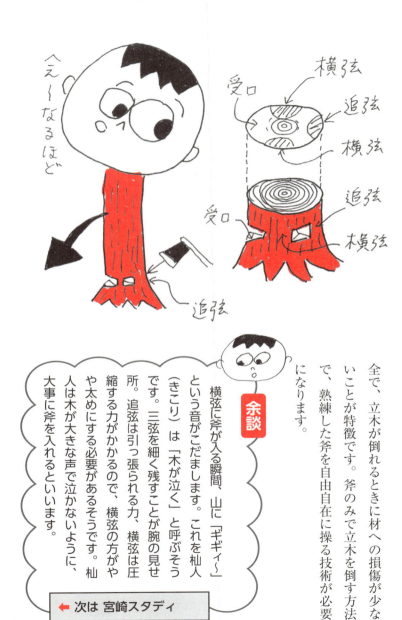

み

難易度…Ⓐ

宮崎スタディ

宮崎県の皮膚科医院の外山望院長が始めた、帯状疱疹についての大規模疫学調査とのこと。

幼い頃にかかった「水ぼうそう」のウイルスが帯状疱疹の原因です。水ぼうそうが治った後も、このウイルスは長い間体内に潜伏しています。加齢や疲労、病気などで免疫機能が低下するとウイルスが再び暴れだし、皮膚に痛みの伴う発疹が現れることがあります。

宮崎県皮膚科医会に属する皮膚科診療所33施設と総合病院10施設で実施しており、帯状疱疹の初診患者を対象として、性別・年齢を月ごとに集計しています。

宮崎県日南市の油津港近くに「外山皮膚科」を開業している外山望さんが、帯状疱疹の特徴を示す統計が不足していることから、診療の傍ら1997年からデータ収集を開始。千

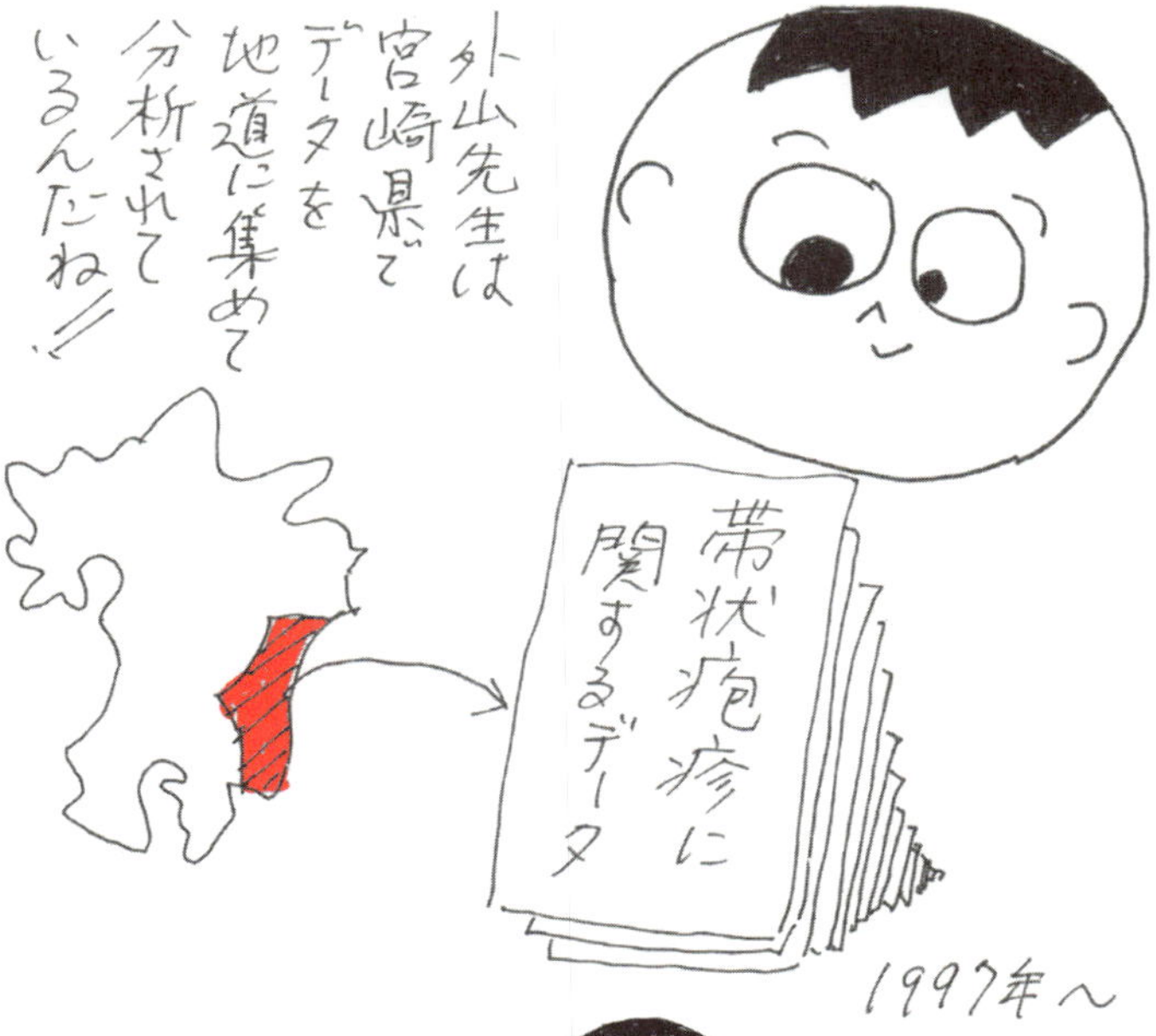

里金蘭大学・白木公康教授らとともに分析し、女性の発症率が高く高齢になるほど発症しやすいといった傾向を見つけては、学会誌などで発表しその研究成果は「宮崎スタディ」と呼ばれています。

余談

帯状疱疹は罹った人にしかわからない、猛烈な痛みがあります。50歳以上の人は、免疫の強化を図るため予防接種を受けることができます。

← 次は 目垢がつく

め

難易度…Ⓑ

目垢(めあか)がつく

骨董の世界で、人目に晒《さら》される事を嫌うこと。

京都には骨董店がたくさん軒を並べています。しかし、その大半の店の入口は狭く、脇のガラス張りのショーウインドに、大皿が一つ飾ってあるだけ。思い切って中に入ってみたものの、商品は数えるほどしか置いていない店も珍しくありません。

人は「いいもの」を持っていると、ついつい見せびらかしたくなります。自慢ですね。でも、骨董品や美術品を扱う画廊、骨董屋では、そういう行いを「目垢(めあか)が付く」と言い、価値が下がるとして嫌がります。

逆に、余り人目に晒されずに、所蔵されている名品を「うぶ」と言います。本当に価値のある重文級の逸品は、蔵の中にこっそりと

保管されているのです。

余談

骨董の世界では、地方の旧家から隠れた名品が、ポッと世に出て来ることがあります。それを「うぶだし」と呼びます。ただ、それが贋作というケースもあり、「騙し騙され」は人間ドラマとして面白く、しばしば小説やドラマのネタに用いられます。

← 次は ものさし鳥

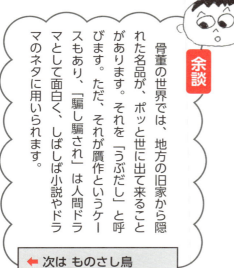

も

難易度…Ⓑ

ものさし鳥

バードウォッチングをする時、鳥の大きさの基準となる鳥のこと。

遠くの鳥を見ても、なかなかどんな種類かわからないものです。そこで、役に立つのが、「ものさし鳥」。スズメやカラスは、私たちの周りでよく見かけるので、その大きさがすぐにイメージできます。

この4種類が「ものさし鳥」と呼ばれています。たとえば、「スズメより大きいけれど、ムクドリより小さい」「カラスくらいの大きさ」と覚えておくのです。

イラスト
- ● スズメ　全長14・5ｃｍ
- ● ムクドリ　全長約25ｃｍ
- ● キジバト　全長約33ｃｍ

● ハシブトガラス　約57cm

余談

野鳥は自然環境の「ものさし」と言われています。農薬で虫がいなくなると、鳥も来なくなります。ネズミやモグラ、ヘビがいなくなると、オオタカやフクロウなどの猛禽類も姿を消します。鳥が生態系の頂点にいると言われる由縁です。

← 次は ヤギは先に行きたがる。羊は後についていきたがる。

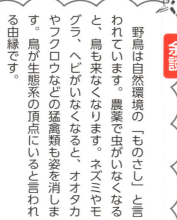

や

難易度…©

ヤギは先に行きたがる。羊は後についていきたがる。

遊牧民が乳製品を調達するために見出したヤギとヒツジの習性。

ヤギとヒツジは、種は異なりますがウシ科ヤギ亜科に属し、生態はよく似ていて、飼い方もほとんど同じです。ユーラシア遊牧民はミルクを調達するため、ヤギとヒツジを飼ってきました。肉を食べるのが主な目的ではなく、乳を搾って飲み、さらにヨーグルトやバターなどの加工品を作ります。

彼らは、数百頭のヒツジの群れの中に、少数のヤギを一緒に飼っています。なぜなら、ヤギは先に行きたがる習性があり、羊は後についていきたがる習性があるからです。それを活かして、ヤギを管理して行かせたい方向へ導けば、あとのヒツジはみんな付いて来るという訳です。

余談

ちょっと待ってください。ひょっとして、あなたも会社の中でヒツジになっていませんか？　それだけならまだしも、社会の中で政府のヒツジになっていませんか？　え?!「私はヤギです」って？　どちらにしても、ああ、恐ろしい。

← 次は 郵便保護銃

ゆ

難易度…Ⓑ

郵便保護銃（ゆうびんほごじゅう）

郵便配達員が、盗賊の襲撃を防ぐために所持していたから6連発式の銃のこと。

日本で初めて軍隊以外で拳銃の所持が許された公的な職業は、郵便配達員でした。郵便制度が発足して2年後の1873年（明治26）に「短銃取扱規則」が、その後、多額の現金書留の扱いが増えたことから、1887年に「郵便物保護銃規則」が制定され、第二次世界大戦後の1949年まで続きました。

警察官が拳銃を携帯できるようになったのは大正12年なので、それよりもずいぶん前から必要性が認められていたということになります。強盗対策だけでなく、山間部への配達の際にクマやイノシシなどの獣に出くわした時に威嚇することも目的にあったそうです。

この拳銃は現在、郵政博物館で見ることが

できます。

余談

現在、警察官の他、自衛官、海上保安官の他、入国警備官や税関職員、刑務官、麻薬取締官なども拳銃の携帯を許可されています。いずれも危険を伴う仕事。でも、実際に常に携帯して使用するか否かは別のようです。

税関で、密輸犯と撃ち合いをしたというニュースを見たことがありません。未来永劫使用されないことを祈るばかりです。

← 次は 幽霊文字

ゆ

難易度…Ⓐ

幽霊文字（ゆうれいもじ）

パソコンの変換ソフトで検索すると、表示はされるけれど意味も読みもわからない正体不明の文字のこと。

パソコンなどで広く使われているＪＩＳ漢字は、１９７８年に制定されました。この時、使い方も、元々の典拠もわからない漢字が紛れ込んでしまいました。

その一つが、「妛」です。実際に、滋賀県犬上郡多賀町に「あけんばら」という土地があります。植物の「山女（あけび）」という漢字の、「山」と「女」をくっ付けた「合字」の「妛」を使って、「妛原」と表示していました。

ところが、全国の地名を精密な調査に基づき網羅した「全国行政区画総覧」を作成する際、とんでもない間違いが起きてしまいました。元々、「妛」という活字が無かったため、

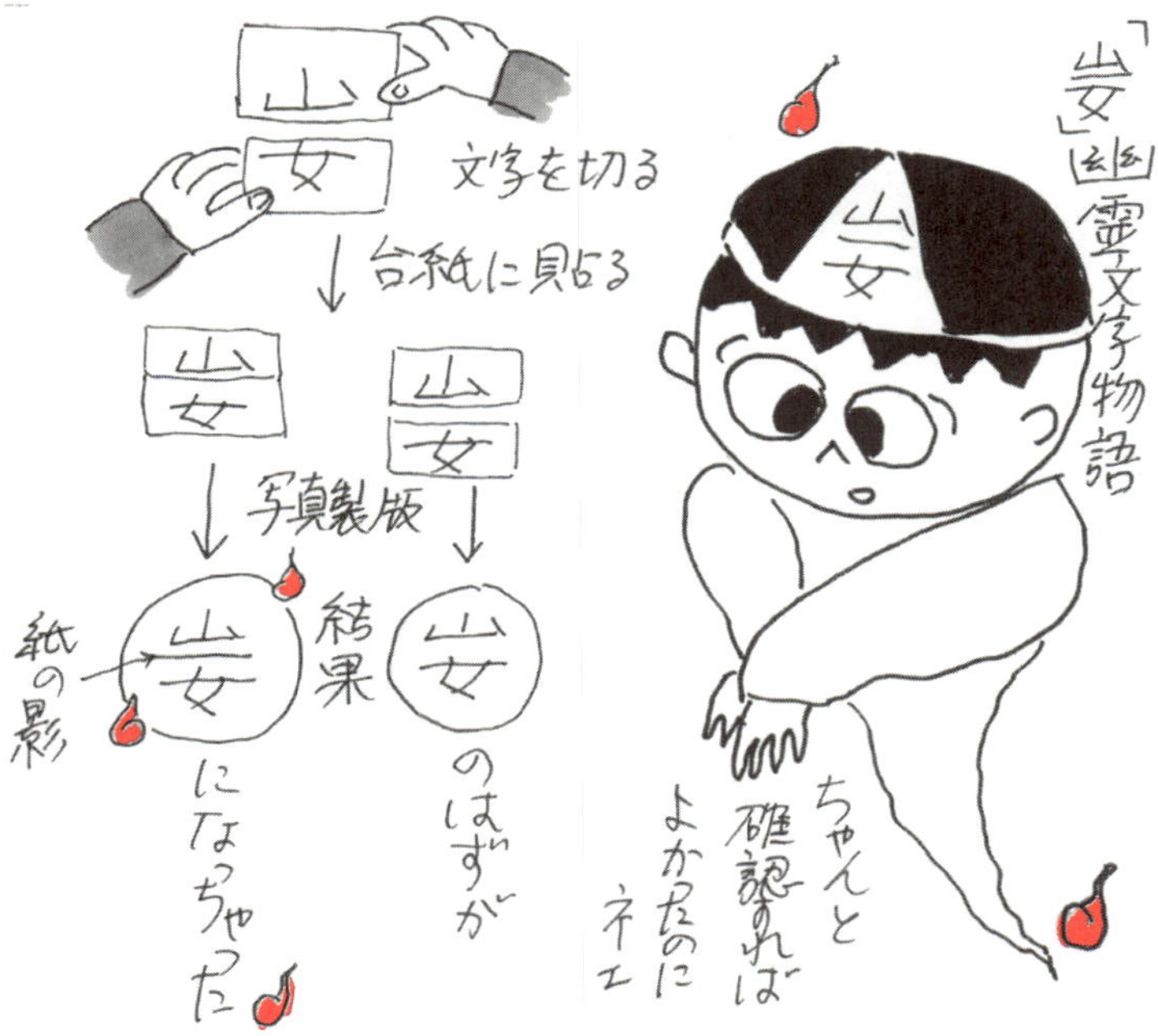

別の文字が印刷されたものから「山」と「女」の扁平な部分を切り取って来て貼り付けて写真製版し、印刷したのでした。その際、「山」と「女」の上下の紙の影が、まるで一本の線（横棒）のよう写ってしまい、「妛」という文字が独り歩きを始めてしまったのです。

幽霊文字一覧

彁　槞　駲
妛　椦　閠
壥　暃　袮
墸　挧　蟐

← 次は 世間桜

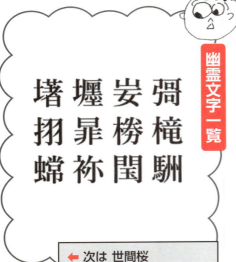

よ

難易度…Ⓑ

世間桜（よのなかざくら）

花の咲き具合でその年の作物の出来を占ったとされる島根県隠岐の島町の桜のこと。

隠岐の島町の飯山の中腹、建福寺の近くにある元屋地区には、島根県の天然記念物に指定されている「エドヒガン」という品種の２本の桜があります。樹齢７００年ほどと言われる樹高15・７ｍ、根回り４ｍの男ザクラと樹高12・８ｍ、根回り３・２ｍの女ザクラの巨木です。

古くより、豊作の年には花が咲くが凶作の年には花が咲かない、という言い伝えがあり、土地の人はこの桜の咲き具合を見て豊凶を占ったとされていいます。また、江戸時代には、「世の中知らせ桜」という名前で、江戸の徳川幕府まで知られていたそうです。

余談

700年の間に、この桜が咲かなかった年があったのかと気になります。勝手な憶測ですが、「豊年」を願う島の人々の心が、毎年見事に咲き誇る桜に映し出されたことから生まれた「言い伝え」ではないかと思うのでした。

← 次は ラストストロー

ら

難易度…Ⓑ

ラストストロー（last straw）

「もう少しがんばれる」と耐えていたが、些細なことがきっかけで突然限界を超えてしまうこと。

英語に、「ラクダの背骨を折るのは最後の藁《わら》だ」（It is the last straw that breaks the camel's back）」ということわざがあります。重い荷物を載せられたラクダが、まだ大丈夫だと思われて、さらに一本の藁を載せられたために耐えられなくなって背骨が折れてしまうという「物事の道理」を説いたものです。

腱鞘炎でキーボードが打てなくなり、接骨院へ駆け込んだ時のことです。「突然、痛くなったんです」と訴えると、先生いわく、「人間の身体はね、ある一定のライン、例えば90％のところまでは耐えられるようにできているんです。痛みは50、60、70と徐々に増えて来るわけではない。90％を1％でも超えた

瞬間に、ドドーンッと症状が出るんですよ。それを防ぐには、85とか88%とかのラインで身体を休ませてあげないといけないんです」とのこと。言うは易し行うは難しです。

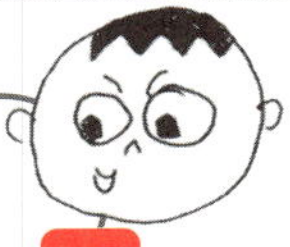

余談

「藁で束ねても男は男」は、藁で髪を束ねるような貧しい暮らしをしていても、男にはそれなりの値打ちがあるという諺。「藁苞《わらづ》と黄金《こがね》」は、外見からでは真価をはかってはいけないという諺。「藁」は価値の無い物によく例えられます。

← 次は リュウグウノオトヒメノモトユイノキリハズシ

り

難易度…Ⓒ

リュウグウノオトヒメノモトユイノキリハズシ

日本の草本で一番長い名前。

海の泥地に生えるアマモの別名で、漢字とかなでは、「竜宮の乙姫の元結の切り外し」と書きます。

アマモは、もともと陸上にいた植物が、海に住み場を変えたもので、その名残で水中で花を咲かせて種を作ります。そのため、「海藻」と区別して「海草」と呼ばれます。ちなみに、ワカメやコンブなどの「海藻」は胞子から成長します。

アマモ場は「海のゆりかご」と言われ、多様な生物の産卵場や稚魚の隠れ家になっています。また、チッソやリンを吸収することで、水中の富栄養化を防止しています。さらに、アマモ場は水中の二酸化炭素を吸収しているため「ブルーカーボン」と呼ばれています。

余談

草本で一番短かい名前は何か？

答は、「イ」です。

母音一文字では間違えやすいので、「イ」の「草」ということで、「イグサ」と呼ばれています。住居に用いたところから「居」の「草」が語源です。

それでは、木本で一番短かい名前は何か？

それは「エ（榎）」。「エの木」で「エノキ」と呼ばれています。

← 次は 流白浪燦星

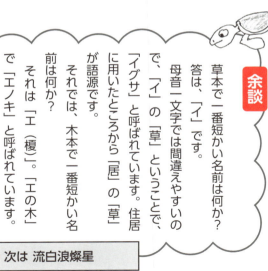

る

流白浪燦星

難易度…C

「るぱんさんせい」と読みます。モンキー・パンチ原作の「ルパン三世」を元にした新作歌舞伎のこと。

安土桃山時代を舞台に、国宝級の秘宝〝卑弥呼の金印〟を巡り、怪盗・流白浪燦星（片岡愛之助）とその仲間・次元大介（市川笑三郎）、大盗賊・石川五右衛門（尾上松也）、峰不二子（市川笑也）、銭形刑部（市川中車）が激しい闘いを繰り広げるオリジナルストーリーです。

　原作にも通ずるお決まりの名ゼリフや、和楽器でアレンジされたお馴染みの名曲も流れたりと原作のエッセンスも楽しめる一方で、ルパン一味と銭形刑部の大捕り物や〝本水〟を使った滝の中での流白浪と五右衛門の対決など古典歌舞伎の趣も十分に感じられる見どころが続き、歌舞伎ファンとルパン三世ファ

ンの両方が楽しめる舞台です。
２０２３年12月の公演は好評を博し、ＤＶＤ化されています。

余談

「白波」というと、すぐに思い浮かぶのは「知ざぁ言って聞かせやしょう・・・」の名台詞で有名な「白波五人男」です。江戸時代に実在した盗賊・日本左衛門が率いる大盗賊一味がモデルです。
よくぞ、「ルパン」に漢字を当てたものだと拍手したくなります。

← 次は わざおぎ

わ

わざおぎ

難易度…Ⓒ

手振りや足踏みで面白おかしい技をして、歌い舞い楽しませる人を意味し、神を招く技をなす事。「俳優」と書く。

日本の芸能起源を示す言葉で、『古事記』『日本書紀』に書かれている2つの芸能神話、天岩屋戸の前で行なったアメノウズメノミコトの祈祷舞踊や、海幸・山幸の条にみえる模倣芸能に現れています。のちには舞踊家、芸能人を、さらには役者をさすようになり、一般に俳優《はいゆう》と呼ばれるようになりました。

「わざおぎ」が日本史に登場するもっとも有名なシーンがあります。それは、大化の改新。宮殿に赴いた蘇我入鹿は、「わざおぎ」に剣を手放すよう促されました。ところが、入鹿は用心深い性格で渡しません。それを「わざおぎ」のおどけた仕草につられ、剣を渡してしまいます。そこへ、柱の陰から中大兄皇子

が飛び出し、剣で入鹿の頭から肩にかけて斬りつけたのでした。

余談

奈良県の多武峰の山中にある談山神社は、大化改新ゆかりの地で藤原鎌足が祀られています。鎌足が、中大兄皇子とこの山で入鹿を討つ密談を交わしたことから、「談（かたら）い山」と呼ばれたことが、社名の起こりとなっています。

あとがき

学生時代からの友人で博学家のこんどう君と、ある起業家の出版記念パーティに出掛けた帰り道、本書版元のＩ氏ら数人と立ち寄った蕎麦屋での出来事でした。Ｉ氏がこんどう君の手にしていた雑記帳に目を留め、「ちょっと見せていただいてもよろしいですか？」と言い、パラパラッとページをめくるなり、「これはスゴイ！　全部ひとりで？」と驚きというか呆れたというか、とにかく驚きの声を上げました。それは、こんどう君が卒業後、長年にわたって、ありとあらゆる〝アナログメディア〟から「気になった」言葉を手書きで書き留めた膨大な資料でした。それも、当人が描いたイラスト付きです。

「他にもあるのですか？」とＩ氏が尋ねると、「はい、アパートの部屋に置き場所に困るほど」との返事。Ｉ氏の「これ本にしましょう！」という即断即決の提案で、本書制作の企画はスタートしました。急遽、近藤君を会長とし、会長代行・補佐役に私がなり、知り合いの出版社編集ライターや大手新聞社記者、広告代理店営業マンなど「言葉」に一家言のある仲間に声をかけ、「全日本ことば探索研究会」が立ち上げられました。メンバーらで、こんどう君が半世紀にもわたって探索・採取した「日本語」「言葉」から極め付きの「難語」を１００語選りすぐりました。Ｉ氏が「こんなに手書きイラストがあるなら本書においても書いたらどうだろう」との発案で、新人「イラストレーター」が誕生しました。「プロではないが、思いは伝わる」とはＩ氏の評。という事情で本篇が編み上げられました。

知り合の現役東大生や総務省キャリア官僚にも本書に収められた１００語に挑んでもらいましたが「これは難しい」「見たこともない」と音を上げるほどの難語のオンパレードです。「難易度」については会員の正解数から決めたものですから何ら学問的な根拠はないことをお断りしておきます。

もし本書を手に取って目次だけをみて10語しかわからなくても、恥ずることはまったくありません。「知らないこと」を「ヘエ～、ホホ～」と思いつつ脳に刺激を与えてください。「知る」楽しみを楽しんでいただけたら幸いです。

全日本ことば探索研究会

会長／こんどうよしひこ　会長補佐・編集代表／志賀内泰弘

	言語	参考文献
あ	青い悪魔	（参考）2020.10.31 四国新聞朝刊　2023.9.24毎日新聞朝刊
	赤羽刀	（参考）名古屋刀剣博物館ホームページ　広島県教育委員会ホームページ
	朝風呂丹前長火鉢	「漢字パズル」より
	穴太衆	（参考）2020.12.30 NHK「SWITCHインタビュー達人達」
	蟻は左の2番目の足から歩き出すんです	（参考）「クロワッサン」の中島朋子さんの連載エッセイ「眠れる巨人」
	アスペルギルス・オリゼ	（参考）2023.12.15 NHKスペシャル「和食千年の味のミステリ」／無印良品　くらしの良品研究所ホームページ
	或る列車	原鉄道模型博物館 Webサイト
	イーストアイ	岐阜新聞朝刊社会面
	出雲国造家	（参考）Weblio辞書　新語時事用語辞典　改訂新版世界大百科事典
	一に姿。二に地鉄、三四がなくて五に刃文	（引用）2024.4.9 岐阜新聞朝刊「分水嶺」 （参考）兵庫県立歴史博物館ホームページ
	一六銀行	（参考）2023.3.2ニッポン放送「羽田美智子のいってらっしゃい」
	異類婚姻譚	（参考）フリー百科事典『ウィキペディア（Wikipedia）』
	鰯で精進落ち	（参考）デジタル大辞林
	インプットデー	（参考）セガトイズ公式サイト
	歌回し	（参考）2023.10.29 朝日新聞朝刊　2023.10.28 朝日新聞デジタル
	宇宙水道局	（参考）2024.1.13 TBS「テレビがっちりマンデー」株式会社 天地人ホームページ
	うちわまき	（参考）唐招提寺公式サイト
	宇奈月温泉（木管）事件	（参考）2024.1.13 NHK「ブラタモリ 絶景！黒部渓谷」／京都総合法律事務所ホームページ／黒部宇奈月温泉駅　利用者向けサイト「にいかわどっとこい」
	永久おけ	（参考）富山めぐみ製薬ホームページ「ケロリンファン倶楽部」
	オオセンチコガネ	（参考）環境省近畿地方環境事務所ホームページ
	オートライシズム	（参考）大阪府立環境農林水産総合研究所ホームページ／大田真也著「カラスは街の王様だ」葦書房
	おっちゃんレンタル	（参考）2023.12.15 NHK 夜のローカルニュース／株式会社ヒダカラ（飛騨市ふるさと納税運営受託者）ホームページ
	オヤカク	（参考）2020.2.9 中日新聞
か	海外県	（参考）フリー百科事典『ウィキペディア（Wikipedia）』
	かきのもと　おもいのほか　もってのほか	（参考）47都道府県百科シリーズ　成瀬宇平・堀知佐子著／「47都道府県・地野菜／伝統野菜百科」／「にいがた観光ナビ」ホームページ「おいしい山形」ホームページ
	隠された地震	（参考）一般財団法人　日本防火・防災協会ホームページ／「過去の災害を振り返る」／内閣府ホームページ・情報の防災ページ

	言語	参考文献
	ガチャマン	（参考）フリー百科事典『ウィキペディア(Wikipedia)』／愛知県喫茶飲食生活衛生同業組合ホームページ
	カンカン野菜	（参考）富山県ホームページ「越中とやま食の王国」
	感謝離	毎日新聞　広告
	寒天橋	（参考）2023.8.25 日本経済新聞・文化欄
	聞きなし	（参考）岐阜県・百年公園の看板
	気候難民	（参考）2023.12.20　NHK クローズアップ現代
	木曽式伐木運材法	（引用）中部森林管理局サイト
	共感疲労	（参考）2024.1.7 中日新聞朝刊社会面／ 2024.2.6 NHK名古屋「まるっと！」
	金属集積植物	（参考）独立行政法人エネルギー・金属鉱物資源機構（JOGMEC）金属資源情報サイト／渡辺一夫著「アジサイはなぜ葉にアルミ毒をためるのか」築地書館
	偶然大吉	（参考）こちら買い取り本舗ホームページ
	国栖人	（参考）葛処　横矢芳泉堂ホームページ　吉野本葛天極堂ホームページ
	九寸五分	（参考）2020.9.5 毎日新聞「余禄」 2020.4.26 毎日新聞　中村吉右衛門インタビュー
	首振り三年ころ八年	ー
	くらわんか舟	（参考）大阪府高槻市ホームページ／2023.9.15 NHK Eテレ芸能きわみ堂「大阪淀川の風物を訪ねる」
	高野四郎	（参照）高野山真言宗総本山金剛峯寺公式サイト／2020.1.1 NHK 究極ガイドTV「2時間でまわる高野山」
	米屋利右衛門	上越タウンジャーナルホームページ
さ	笹の才蔵	（参照）岐阜の旅ガイド　和樂web
	皿を割れ！	2019.1.14 NHK「プロフェッショナル 仕事の流儀」
	三柄大名	（参考）デジタル大辞泉
	地獄組	（参考）新語時事用語辞典　京都市文化観光資源保護財団ホームページ
	磁石の木	（参考）関西造園土木（株）ホームページ
	島原大変肥後迷惑	（参考）島原市公式サイト
	粥座	（参考）岐阜新聞朝刊・中濃地域
	使用窃盗	（参考）2023.12月 3回シリーズ　NHKラジオ第一朗読・大和田伸也が読む／森村誠一「人生の駐輪場」／横浜ロード法律事務所ホームページ／弁護士法人若井綜合法律事務所・刑事事件弁護士相談ナビホームページ
	「白足旅族」とは絶対に喧嘩をするな	（参考）2020週刊ポスト　4 ／ 10号
	新月伐採	（参考）エルヴィン・トーマ著「木とつきあう知恵」地湧社
	水辺鳥	（参考）若松屋酒店ホームページ
	スジ屋	（参考）2023.7.26 日経クロステック
	スズメバチの栄養交換	（参考）坂爪真吾著「日本百名虫　フォトジェニックな虫たち」文春新書
	清浄歓喜団	（引用）亀屋清永公式サイト
	鶺鴒の尾	（参考）三輪慎悟著／「野生動物の生態と農林業被害共存の倫理を求めて」全国林業改良普及協会

	言語	参考文献
た	縦読み漫画	（参考）2023.12.21 日本経済新聞朝刊ビジネス面／2023.3.3 日経ビジネス電子版
	田山歴	（参考）八幡平市商工会・八幡平の食材を紹介する倶楽部「ハチクラweb」／岩手県文化スポーツ部文化振興課「いわての文化情報大辞典」ホームページ
	チューラパンタカ	（参考）2024.1.13 NHK「チコちゃんに叱られる！」
	チョークポイント	（参考）Weblio辞書
	辻占	（参考）2020.12.14 中日新聞web ／ 2023.12.19 中日新聞朝刊社会面 通風筒／「加賀煎餅処　長池彩華堂」ホームページ
	栗花落	（参考）Weblio辞書
	掉尾の一振	（参考）2019.12.30 毎日新聞・余禄
	「とちり」席	（参考）葛西聖司著「教養として学んでおきたい歌舞伎」マイナビ新書
	虎子石	（参考）大田記念美術館公式サイト
	どんこ、こうこ、こうしん	（参考）乾燥椎茸の専門販売会社（株）丸晶ホームページ
な	ナレムコの法則	（参考）山崎文栄堂ホームページ
	日本四大顔面記念日	（参考）「難門漢字館」vol.49　2023.9月号（株）ワークス　2024.1.24 朝日新聞デジタル
	猫バンバン	（参考）2018.7.4 日経MJ　日産自動車ホームページ　三井住友海上ホームページ
は	白銀比	（参考）木全賢著「デザインにひそむ〈美しさ〉の法則」ソフトバンク新書／ダイヤモンドonline「ドラえもんやトトロに共通する、数学的な1つの特徴」
	曝書	日本経済新聞「春秋」
	花笑み	2022.1.1 NHKテレビ超体感！「“ニッポンのはじまり”の旅 奈良やまと路」
	ハヤブサはインコの仲間	（参考）2013.3.19 日本経済新聞〔共同〕
	ばらっぱもち	（参考）愛媛県立宇和島東高等学校「柏餅に使用されている葉の真実」菓心おおすがホームページ
	反射出血	（参考）山﨑秀雄著「昆虫博士入門」全国農村教育協会
	半農半X	（参考）2022.7.7 朝日新聞デジタル
	贔屓	（参考）Weblio辞典
	光付け	（参考）2019.12.31 日本テレビ「DASH村開拓使2019」／寺社建築の元請け・株式会社天峰建設サイトのブログ（2015.12.7）
	悲劇の世代	岐阜新聞「分水嶺」
	ひみつ屋	（参考）2023.9.27 朝日新聞デジタル　2023.10.24 東海ラジオ
	漂流郵便局	2022.3.21 産経ニュース／2023.3.6 NHKミニドキュメンタリー「漂流郵便局」2022.3.21 産経ニュース／ 2024.3.10 中日新聞朝刊
	ペッカム型擬態	（参考） 2020.2.29 NHK「又吉直樹のヘウレーカ！だましの手口が今、明らかに！」
	ベル・アップ	（参考）2023.6.29 NHK・Eテレ／クラシックTV「映画音楽の巨匠ジョン・ウィリアムズの魅力」

	言語	参考文献
ま	孫太郎虫	（参考）坂爪真吾著「日本百名虫　フォトジェニックな虫たち」文春新書／公益社団法人農林水産・食品産業技術振興協会ホームページ／漢方生薬の中屋彦十郎薬局ホームページ
	魔の7歳	（参考）2024.5.24 CBCテレビTHETIMEの特集／2024.4.9 北海道ニュースUHB／警察庁「通行目的別に見た学齢別・歩行中死者・重傷者数（平成27年～令和元年合計）」
	マルハラ	—
	万病円	（参考）真山智幸著／「偉人メシ伝『天才』は何を食べて『成功』したのか？」笠間書院／2021.8.22 サライ／ 静岡県藤枝市大御所家康講座　第3回「家康公長寿秘伝の漢方薬と養生法」／2023.4.11 毎日新聞医療プレミア
	三ツ緒伐り	（参考）2023.9.9 岐阜新聞／（株）南木曽木材産業・柴原薫代表取締役社長に取材
	宮崎スタディ	（参考）2023.10.29 読売新聞朝刊コラム「顔」
	目垢がつく	（参考）2020.12.5　NHK「8WITCHインタビュー達人たち」
	ものさし鳥	（参考）2021.11.19 CBCラジオ「旅の本棚 TRAVEL GALLERY」ホームページ
や	ヤギは先に行きたがる。羊は後についていきたがる。	（参考）2024.4.16 日本経済新聞朝刊・文化欄
	郵便保護銃	（参考）2023.12.24 毎日新聞朝刊「余録」
	幽霊文字	（参考）朝日新聞デジタル　ことばマガジン／フリー百科事典『ウィキペディア（Wikipedia）』
	世間桜	（参考）2024.4.13 NHKテレビ気象予報／しまね観光ナビホームページ
ら	ラストストロー（last straw）	（参考）2016.8.21 中日新聞朝刊「編集日誌」
	リュウグウノオトヒメノモトユイノキリハズシ	（参考）室井綽・清水美重子著／「自然と楽しくつき合うために ほんとの植物観察 1：ヒマワリは日に回らない」他人書館
	流白浪燦星	歌舞伎公式サイト「歌舞伎美人」
わ	わざおぎ	（参考）ブリタニカ国際大百科事典 小項目事典　奈良県公式サイト

◆著者略歴

全日本ことば探索研究会

会長、会長補佐の2名を中心に、知人の編集ライター、新聞記者、広告マン、塾講師などが参加。日本語や言葉について自他ともに一家言のあるメンバーがそろっている。

こんどうよしひこ

全日本ことば探索研究会会長　言葉採集家
自然散策、漢字パズル、ユニット折り紙、博物館・資料館見学の愛好家。タマムシ、雑草、野鳥、葉っぱ、どんぐり、看板、マンホールの写真家。新聞の折込チラシ・食品ラベルシールの蒐集家。ペットボトル・紙コップ工作職人。
半世紀にもおよび、書籍、新聞、雑誌、図鑑、テレビ、ラジオなどに目を光らせて、独特の視点から「言葉」を探索する「昆虫採集」ならぬ「言葉採集」家。
本書では、キャラクター「コンちゃん」の本文イラストも担当。

志賀内 泰弘（しがない やすひろ）

全日本ことば探索研究会会長代行・補佐
作家・小説家。元・金融マン。志賀内人脈塾主宰。
著書にベストセラー「№1トヨタのおもてなし　レクサス星ヶ丘の奇跡」「№1トヨタ7つの仕事魂」（共にPHP研究所）、「なぜ「そうじ」をすると人生が変わるのか？」（ダイヤモンド社）など多数。
「京都祇園もも吉庵のあまから帖」シリーズ（PHP研究所）をはじめ複数の小説が、超難関進学校として知られる洛南高等学校・付属中学校など全国多数の有名私立中学の入試「国語」問題で採用されている。

知っているようで知らない
知っていれば自慢できる言葉事典

2024年12月25日　初版第1刷発行

著　者　全日本ことば探索研究会
こんどうよしひこ
志賀内 泰弘
発行者　池田 雅行
発行所　株式会社 ごま書房新社
〒167-0051
東京都杉並区荻窪4-32-3
AKオギクボビル201
TEL 03-6910-0481（代）
FAX 03-6910-0482
カバーデザイン　（株）オセロ 大谷 治之
DTP　海谷 千加子
印刷・製本　精文堂印刷株式会社

ISBN978-4-341-08867-5 C0081